JN113470

物語

ヘーゲル精神現象学

意識の経験の学

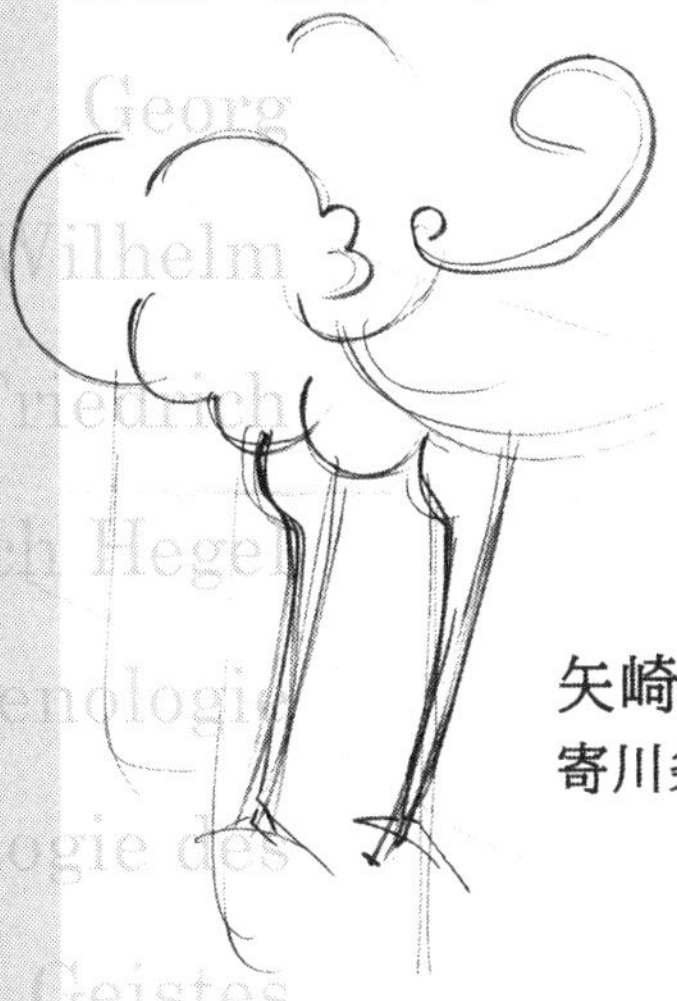

矢崎美盛 著

寄川条路 解説

◉本著は『ヘーゲル　精神現象論』（岩波書店　昭和十一年十月十日第一刷発行）の復刻版である。テキストとして昭和四十五年八月二十二日第六刷発行版を使用した。
◉旧漢字を新字体に改めルビをふるなど、若干手を加えているが、基本的にはテキストのままである。詳細は本著解説を参照されたい。

（編集部）

目次

序説

起稿から出版まで

一八〇六年の八月六日には、皇帝フランツ二世の退位をもって、オットー大帝以来八百余年のあいだ栄誉ある伝統を保ってきた『ドイツ民族の神聖ローマ帝国』は、その終焉を告げた。闇雲は全欧州にみなぎり、就中《なかんずく》ドイツの全土は、何時戦端の巷となるかわからないような不安にとざされていた。すでにして、その年の秋の十月七日には、当時バンベルグにいたナポレオンは、プロシャとの決裂を宣言し、十万余の大軍を督して、電光石火、ブラウンシュワイグ侯の率いるプロシャ の主軍四万を追撃して、これをイエナとワイマルの近郊に圧迫した。十月十二日の午後一時、イエナ市攻略の命を受けたランヌ将軍麾下の仏軍精鋭は、直ちに出動を開始して、さしたる苦戦もなしに、夕暮れかけて、ひた押しにイエナの市門に迫り、その夜のうちにプロシャ軍を駆逐して、翌《あ》くる十三日の午前十時には、この由緒ある大学町は、すでに完全に仏軍の占領に委せられたのである。そして、その日の午後三時に、ナポレオン皇帝自ら堂々として入城し、時を移さず、ランヌ将軍を引き連れて、翌朝を期して一挙にドイツ全軍を屠らんとする総攻撃に備えるための陣地の偵察と、将兵の検閲とに、北郊ランドグラーフェンベルグに向って馬を進めたのである。その時、ヘーゲル（Georg Wilhelm Friedrich Hegel, 1770・8・27—1831・11・14）は、このフランスの皇帝、この驚嘆すべき偉人、この「世界精神」が、路上にむらがる群衆を脚下に睥睨《へいげい》しつつ、馬上ゆたかに歩み行く姿を、目のあたりに見たのである。

その夜の十一時頃、ヘーゲルは、下宿していた官吏ヘルフェルド（Hellfeld）の家の書斎の窓をあけて外を眺めた。広場や辻々には、仏軍の篝火がものものしく空を焦している。遠く距てない北方の郊外からは、仏軍が陣地を占領しつつあるのであろう、何となく気味悪いどよめきが伝わって来るように思われる。不安と動揺が天地をこめて漲っている。けれども、ヘーゲルは、悲壮な決意のもとに、怱々《そうそう》として著述の筆を動かしていなければならなかった。約束した原稿が未だ完成していない。契約の期限はすでに切れようとしている。この上遷延することは、出版書肆との仲介に立ってくれた親友を裏切ることになるかも知れない。一刻も早く原稿を仕上げることが、道徳的の責務である。そして、後になってヘーゲル自身シェリングに送った手紙の文言が正直なものであるとするならば、『精神現象論』の最終の部分の原稿は、まさにこの十三日の真夜中に、——ナポレオンの軍隊が粛々としてランドグラーフェンベルグの陣地を占領しつつあったその時刻に、——書き上げられたものである。

翌くる十月十四日は、有名なイエナの会戦である。市中は兵火と劫掠の危険に曝されて、ヘーゲルもまた、その住居を捨てて、昨夜漸《ようや》く完成したばかりの原稿をかかえて、避難しなければならなかった。四日後の十八日に、ゲーテがワイマルからイエナ在住の知人たちに慰問の廻状を送っているが、その中に、「旧撃剣道場にて、教授ヘーゲル殿」とあるのを見れば、かれの避難の有様も想見されるであろう。しかも、混乱したイエナの実情は、程近いワイマルの官辺にさえも、よくは解っていなかったのである。というのは、この時ヘーゲルは、旧撃剣道場にではなくて、友人の書肆フリードリッヒ・フロムマン（Friedrich Frommann）の許に身を寄せていたのである。そして、かれは、このような混乱状態のさ中にあって、いかにして、遠隔の地にある出版書肆にまで原稿を送るべきかについて、腹立たしい焦躁を感じていたに相違ない。

○

これよりさき、一八〇一年以来私講師として、一八〇五年以来員外教授として、ヘーゲルは、イエナ大学の教壇に立っていた。そこでの講義の内容は、論理学、形而上学、自然法学、数学、哲学史、等にわたっていたが、同時にかれは一八〇四年頃からすでに、講義のための教科書を書くことを計画していたようにみえる。そして、その教科書は、その頃ようやくかれの頭の中でおおよその形を具備してきた思弁哲学の全体系を、要約的に包含するものである。即ち、一八〇四年のイエナ文学新聞の報ずるところによれば、その体系の第一部は現象学であり、第二部は論理学、第三部は自然哲学、第四部は精神哲学となるべきはずであった。而《しか》して、その頃の講義題目の掲示には、「数週間のうちに」、または、「次の学期には」、教科書を渡すであろうという予告の繰り返されたことが、再三に及んでいる。だがしかし、その予定は容易に実現されなかったのである。実際に、この包括的な教科書出版の計画は、十余年後の一八一七年、即ち『エンチクロペディー』(Enzyklopädie der philosophischen Wissenschaften im Grundrisse) が世に現れるに到ったその時に、はじめて実現されたと言うべきであろう。

一八〇五年の春頃には、ヘーゲルは、全体としての教科書が出来上がらないまでも、せめて第一部の現象論だけはおそくとも年末までには印刷に附して、学生に渡したいと考えていた。そして、この希望もまた遂に満たされはしなかったけれど、しかしながら、――後に述べるように、翌年の二月にはすでに、後に『精神現象論』として出版された書物の印刷が始められていたのであるから、――一八〇六年の夏学期に於ける『思弁哲学即ち論理学』の講義に際しては、この書物の印刷された最初の部分を学生に提供して、教材として使用することが出来たように見える。こえて一八〇七年の夏学期のためには、この新刊書を使用して、現象学より始めて論理学及び形而上学に及ぶべき講義を開講する旨、予告したのであったけれども、その時にはすでにヘーゲルはイエナを去ってしまっていたのである。

〇

ヘーゲルは、これまで、雑誌に載せた数篇の論文の外には、まだ一冊の単行本をも世に贈ってはいなかったのである。すでにその哲学的業績に対する学界の評価と期待とは、甚だ大であったとは言え、一方には、その余りに思弁的な思想や文章が晦渋であるという批難もあったし、かれの書物の出版が果して営利的に成功するか否かは疑問であったようにみえる。そして、このような際に、半ばは打算から、半ばは好意から、この壮年哲学者の最初の単行書物の出版を引き受けたのは、バンベルグ市にあって印刷と出版とを兼業していた書肆ゲーブハルト（Buchhändler Joseph Anton Göbhardt in Bamberg und Würzburg）であった。ところで、ヘーゲルのこの最愛の長子は、すでに胎内にあって長い間の発育を遂げて、充分に出産期に達していたにも拘らず、その誕生には幾多の外面的の故障が伴っていたのである。

すでに前段に述べた事情から推察しても、ヘーゲル自身、この書物の刊行をば非常にいそいでいたという事がわかる。そして、実際に、かれは、全部の原稿が完成した上ではじめて印刷に渡すことを以って、賢明なる原則としていたカント流の遣り方には従わなかった。かれは自ら進んで、原稿の出来ただけづつを、そのまま出版所に送って、直ちに印刷にまわすことにしたのである。書肆ゲーブハルトは、最初、発行部数は一千部、全紙一枚(十六頁)分について稿料十八グルデン、但し、書物全体の半分が印刷ずみになった時に、まとめて全稿料の半額を支払うことを約束した。——だがしかし、まだ原稿の完成していない現に執筆中の書物について、どれだけがその全体の半分であるかを、彼等はどうしてきめようとするのか。この契約は、果して、将来の禍根を蔵していたのである。

とにかく、印刷はすでに一八〇六年の二月から着手された。しかも、七月の下旬には、この書物の成功に危惧を抱いていた出版書肆は、原契約による発行部数一千部を変更して七百五十部に減少し、その割合に応じて著者への支払を減額することを要求した。ヘーゲルは、八月六日附の手紙の中で、書肆の不信を友人に訴えている。越えて九月の始めには、印刷開始以来半年余にわたって途切れ途切れに送附した原稿が、積り積って二十一全紙分に達したので、当時生活の資に窮していたヘーゲルは、これを以って全体の半分だと考えて、約束の稿料を要求した。だが、書肆の方では、それだけが実際に半分であるとは認められない事を理由として、稿料の支払を拒絶した上に、全部の原稿を受け取ってからでなければ、一切の支払に応じないことを、強硬に言い出したのである。書肆ゲーブハルトとしても、原稿出来の余りに遅々たるに業をにやしていたものに相違ない。

その頃、ヘーゲルは生活のための金に窮していた。当時かれが親友ニートハムメル（Friedrich Immanuel Niethammer, 1766–1848）に送った数通の手紙は、殆んどすべて、その事を語っている。好意あるゲーテの斡旋によって、一八〇六年の六月以降、ワイマルの政府から年額百ターレルの俸給を得ることになってはいたが、それは余りに尠《すくな》い定収入である。いま、期待していた稿料の支払が拒絶されるに及んで、狼狽せざるを得なかった。あたかもよし、出版地バンベルグには、ニートハムメルが住んでいた。ヘーゲルは、この親友に、従来の経緯と現下の窮状を訴えて救いを求め、書肆との交渉を懇願した。しかし書肆は頑としてその交渉に応じない。遂に、ニートハムメルは、自ら責任者となって、書肆ゲーブハルトとの間に、新しい契約を結ばなければならなかった。即ち、もしもヘーゲルが残余の原稿全部を一八〇六年の十月十八日までに送って来ない場合には、一切の前契約を破棄した上で、ニートハムメル自ら責任を負って、書肆の損失を、弁償する意味に於いて、印刷ずみの部分一部あて十二グルデンの割合で全部を買い取ろうというのである。この新契約が結ばれたのは、九月の二十九日であった。そして、その新契約に安堵した書肆は、やっと、受け取り済み二十四全紙分の原稿をもって全体の半分と見做して、それに対する稿料を支払うことに同意した。ヘーゲルは、この友人の行為を「英雄的」と言って感謝している。

いまや、ヘーゲルは、友人の信義を無にしてはならない。十月十八日の期限は間近に迫っている。その上に、九月の中旬頃からは、戦争勃発の気運が全国に漲って、ヘーゲル自身の身辺にもひしひしとその危険が感じられる。こうした事情の下にあって、かれは一生懸命に原稿の完成を急いだ。十月六日の手紙には、残り全部の原稿を、間違いなく、「この週のうちに」送ると書いている。その翌日には、バンベルグ市に在ってプロシャの最後通牒を受け取ったナポレオンは、麾下の軍隊に出動命令を発している。十月の八日と十日の二回にわたって、大部分の原稿が送られた。だが未だ完結してはいない。そして、残りは必ず十三日に発送すると約束した。その十三日には、イエナの町は陥落して、ナポレオンの軍隊によって占領されてしまった。当時、ヘーゲルが、このような不安と焦躁の中にあって、いかに稿を急いでいたかは想像に余りある。契約期限の切迫と、戦争の不安とは、かれに推敲の暇を与えなかったに相違ない。実際に、この書物を読む人々は、内容の記述取扱いが、ある時には不必要なほどに長がすぎたり、またある所では短かすぎたりしている事に気が付くであろう。殊《こと》に、その終りの方の部分、しかも全巻中の最も重要な箇所である所の宗教と絶対的知識とに関する部分が、非常に急いで書かれている事は、注意深い読者の容易に看取し得るところである。後になって、ヘーゲルは、この最後の部分の無態《ぶざま》なことを大目に見てくれるようにと、畏友シェリングに訴えているのである。

契約の期限は十月の十八日である。郵便の延着を考慮に入れて、必ず十三日には発送すると約束した原稿は、その日の真夜中になってやっと書き上げられた。だが、翌くる十四日は全市をあげて戦禍の混乱に陥ちいり、ヘーゲルもまた避難者の群に投じて居を移さなければならない有様であった。原稿の発送などは思いもよらない。戦争は郵便の通路をも塞いでいる。ヘーゲルはうろたえた。日時の遷延は親友ニートハムメルにとっては重大事であるが、また原稿の紛失は償い難い。十四日以来、しっかりと原稿を抱いたまま、焦躁の数日が経って行く。かれは、この間の事情を説明して容赦を乞う手紙を、いくたびかニートハムメルに送っているが、実際に、その数通は不着のままに失われてしまったらしい。二十日になって事態がやや平穏に復したので、最後の部分の原稿をバンベルグに発送した。そして、二日の後に原稿安着の報知を受け取って、ヘーゲルは始めて安堵した。しかし、その時、避難民ヘーゲルは全く金に窮していたのである。折り返して、ニートハムメルの友情にすがって、金を送ってくれるようにと頼んでいる。二十二日には、稿料のうち百四十四グルデンの為替が、書肆からイエナに送られた。ヘーゲルの困窮はゲーテの耳にもはいった。後者は、二十四日附で、もしもヘーゲルが救済を必要としているならば、十ターレル迄はやってくれるようにと、クネーベルに委嘱の手紙を書いている。十一月にはいって、書肆ゲーブハルトが稿料の残額をも支払った。ヘーゲルは、ニートハムメルの友情に対して満腔の感謝を捧げている。「この不幸の中で、君の友情は何たる慰安と救助とであるか。君の助けなかりせば、私はどうなっていたであろう。」と言っている。

しかしながら、まだ巻頭につける序文が出来上っていない。その序文は、単なる儀礼的のものではなくて、全巻を貫く思考の結論ともなるべき性質のものでなければならない。それはまた重要な労作を要求するであろう。戦争の混乱に災いされて、イエナに於いて生活の路を失ったヘーゲルは、その年の終りを、バンベルグに、ニートハムメルの傍ですごしたようにみえる。明けて一八〇七年の正月には、再びイエナに帰って、序文の稿を急いでいる。そして、一月十六日の手紙は、その序文の原稿が完成して、これを発送したことと、本文の校正が進捗していることとを語っている。越えて三月には、大学の教職を失ったかれは、バンベルグ市に於いて政治的な新聞の編緝を引きうけて、全く新しい生涯を打開しようと努めている。この地位もまたニートハムメルの好意ある周旋によるものである。

かくて、一八〇七年の四月上旬、遂に、一八〇四年以来の計画であった『精神現象論、一名、意識の経験の学』(Phänomenologie des Geistes, oder die Wissenschaft von der Erfahru ng des Bewusstseins）が出版された。本文四十八全紙、七百六十六頁。それに、序文や目次や正誤表などが七全紙分ついている。そのときヘーゲルは三十七歳であった。そして、かれは最早イエナ大学の教授ではなかった。この新刊書を教科書に使用して講義をするはずであった計画は、遂に実現されないままに終ってしまったのである。

ここに、ヘーゲルが、その最愛の長子を、まっ先きに寄贈した人々が誰れ誰れであったかを記して置くことは、当時のヘーゲルの心境を見る上に興味があるであろう。羊皮特製一部づつ、ゲーテとニートハムメル。並製一部づつ、当時イエナ大学の学監フォイクト（Christian Gottlob von Voigt）、書肆にして友人なるフロムマン、ゲーテの友人クネーベル（Major von Knebel）、物理学者にして後々までヘーゲルと親交のあったゼーベック（Thomas Seebeck）。以上であった。そして、約一ヶ月の後、五月一日に、当時ミュンヘンにいたシェリングに、むしろ謙譲なる言葉に充ちた手紙を添えて、一本を寄贈しているのであるが、これに対するシェリングの返信は、半歳後の十一月の二日になって始めて書かれている。しかも、その時までに、シェリングは、やっと「序文」だけしか読んでいなかったようにみえる。そして、この五月一日附と十一月二日附と、相互の書信の往復が、この二人の哲学者の最後の書簡の交換であった。『精神現象論』の誕生は、尠《すくな》くとも外面的には、テュービンゲンの神学校時代以来、あのように親しい交りを続けて来たこの両人の、交友の糸を絶ち切ってしまったのである。

○

ヘーゲルは、イエナ会戦の天地を動かす殷々《いんいん》たる砲声に耳を覆いながら、『精神現象論』を書き上げたというまことに劇的な伝説が、広く行われている。恐らくは、ヘーゲルの死後、最初にその伝記の編纂を企てたガンス（Eduard Gans）や、フリードリッヒ・カップ（Friedrich Kapp）などの記述が、この伝説を作り上げるのに役立っていたのであろう。しかしながら、一八〇七年五月一日に、この新刊書を寄贈するのに添えて、シェリングに送ったヘーゲルの手紙には、かれ自ら、戦争の前夜半に書き上げたと言っている。ところで、戦争の前日即ち一八〇六年十月十三日の夜半には、一般的の不安と動揺が濃厚にたちこめていたとしても、未だ殷々たる砲声が天地を轟かしてはいなかった筈である。実際に、会戦の当日即ち十四日の早朝までは、プロシャ側の将軍たちでさえも、その日のうちにナポレオンの総攻撃が行われるとは予期していなかったくらいである。プロシャ軍の首脳部は、十二日と十三日とを小田原評定に過ごしていた。ナポレオンは、その虚に乗じて、むしろ枚《ばい》を銜《ふく》んで、ランドグラーフェンベルグの陣地を占領しつつあったのである。それ故に、原稿の完成が十三日の夜半であったという事が真実であるとして、これを、上述の伝説が物語るような劇的光景の下に置くことは、むしろ効果的な作為であると言べきであろう。

そればかりではない。十三日に原稿が完成したということ、その事が、すでに、疑えば疑い得るのである。ヘーゲル自身が、シェリングに宛てて、『精神現象論』が戦争の前夜に完成したと言っているのは、それは、そうした理由のために、この書物の最後の部分が走り書きで無態《ぶざま》になっている事を述べて、寛恕を乞うための言い訳の手段である。しかし、この書物の後半が、前半に比して、実際にかなり走り書きで、充分の推敲を経ていない事の理由は、ただそれが会戦の前夜に書き上げられたからと言うだけではない。その事に就いては、我々は既に詳細を物語って置いた。かつ、確かに十三日の夜半十一時前後に書かれたと思われるニートハム メル宛ての手紙では、八日と十日に発送した原稿の安否を憂慮しているだけで、残余の原稿に就いては何事も述べられてはいない。もしも真実にこの夜原稿が完成したのであったならば、ニートハムメルに対してこそ、先づその事を報告すべきではなかったか。更らに、十八日の手紙には、「火災の前のあの怖ろしかった夜に書いた手紙と共に、しっかりと持ち廻っていた極く僅かの最後の原稿を、来る二十日に発送する」と告げているが、しかし、その極くわづかの部分が何時書き上げられたかに就いては語っていない。かように見て来ると、この『精神現象論』が、果して、イエナ会戦の前夜即ち十三日の夜半に完成したものであるか否かが、既に疑わしいと言わなければならない。しかしながら、この点に就いては、これ以上の確証を挙げる事が出来ない。

初めて読む人のために

さて、このようにして出来上った『精神現象論』は、ヘーゲルの最初の大著述であって自分の哲学体系の「第一部」または序論であると宣べられている。これに後続すべき哲学体系の実質的内容は、主として、後年になって出版された『論理学』(Wissenschaft der Logik, 1812–16)と『エンチクロペディー(論理学と自然哲学と精神哲学とを含む)』とが、これを提供するわけである。ところで、この『精神現象論』は、哲学の歴史がもっている書物の中で、恐らく最も難解なものの一つに数えられている。専門的なヘーゲルの研究者たちに於いてさえも、しばしば、苦が手であることが告白されている。そこで、この書物を理解し解釈するためには、いかなる準備ないし手続きを以ってすべきであるかという事が、即ちこの書物を読む態度そのものが、すでに、専門学者の間でも幾度か問題になって来ているのである。一体、この書物は、ヘーゲルの哲学の全発展系列の中で、どんな位置に置かるべきであろうか。この書物を理解するために、我々は、ヘーゲルのどの著述から読み始めたらいいであろうか。どんな手順を以って、この書物の内容に進み寄って行ったらいいのであるか。

この点に関する議論は複雑多岐であるが、大体に於いて、二つの型に分類することが出来るように思われる。第一の見解は、後年の著述に展べられている所を含めて、ヘーゲルの完成せる全哲学体系を基礎として、この書物の内容を解釈すべきであるという考えである。即ち、全体としてのヘーゲルの哲学を知ることが、この『精神現象論』への良き入門であると言うのである。例えば、概念とか絶対的精神とかいうような言葉でも、ヘーゲルの場合には、かれの哲学体系そのものを俟《ま》ってはじめて正当に理解され得るものであり、従って、その理解を携えて以ってこの書物に臨むべきであるというのである。――これに対して第二の見解は、『精神現象論』に到るまでの、ヘーゲルの初期の内面的思想的展開を精細に辿って、以ってこの書物に及ぼうとするのである。即ち、ヘーゲルがこの書物を書くに到ったまでの思想の発展を見定めて、その心持になって、この書物を読むべきであるというのである。例えば、宗教とか悟性とかいうものについて、ヘーゲルは、一八〇六年頃までにどんな考えをもっていたか。『精神現象論』に於いて展開すべき思想の萌芽は、それ以前の何処にどんな形で培われているか。それらの事柄を明らかにした上でなければ、『精神現象論』を正しく理解することは出来ないと言う主張である。

この二つの考え方の一方は、既に大成された体系の上に重点を置き、他の一方は、やがて大成せらるべき萌芽を重要と見る。大成された体系は、要するに、体系の萌芽から発展したものに他ならないのであるから、この二つの見解は、その重点の置き所が異るだけであって、結局は、同じ信念に基づいていると言うことが出来るであろう。とにかく、「前行するものを通して」と言う見解も、「後続するものを俟《ま》って」と言う見解も、二つながら、『精神現象論』をば、単独には、直接的には、理解し難いものであると為す点に於いて軌を一つにするものである。

実際にそうであろうか。もしこの二つの見解の孰《いず》れかに従わなければならないとするならば、我々は、半ば専門的にヘーゲル哲学の研究を志す人々以外には、この書物の繙読を慫慂《しょうよう》することが出来ない。いわゆる前行するものの研究も優に一個の大事業であり、後続するものの研究に至っては、殆んど専門家のみに期待せらるべき難事業である。私は、いまここに、決して専門的の哲学の学徒ではない人々、一般普通の教養を求めるに過ぎない人々に向って、この『精神現象論』への手引きを試みようとするのであるが、かかる計画は端的に放棄せらるべであろうか。否、果して、『精神現象論』は、ヘーゲルの他の著述の群から取り出されて、それだけ単独に読まれてはならないものであろうか。私は、先づ、この点の考察から始めなければならない。即ち、この書物の取扱い方に関する種々なる態度について、若干の解説を加えながら、これを吟味してみよう。そして、叙述の便宜のために、昔の哲人たちが試みたディアレクティケイ（相互に議論すること）の手段にまねて、二人の人の対話の形を借りることにしよう。

○

A。もとより、現象論は思弁哲学の「第一部」と告げられている。即ち、それは全体系の部分である。部分なるが故に、それは、全体と同一の基調に立つのであり、全体と同一の原理によって貫かれ、同一の方法を含むものでなければならない。あくまで、それは全体系の部分であって、全体系から独立した別個のものではない。それ故に、全体系が提供する理解を提げて現象論を解釈する事は、当然のことである以上に、また最も正しい遣り方である。むしろ、全体は部分に先行するという洞察に従って、その体系は現象論に先行すると言うべきである。いかにも、出版の日時から言えば、現象論は体系よりも前であるけれども、この出版の順序ということは、必ずしも概念思考の順序とは一致しない。現象論の出版以前に於いて、すでに、ヘーゲルは、後年の論理学やエンチクロペディーの内容と本質的に一致する理説を展開しているのである。もしもヘーゲルの後年の体系を一般に汎論理主義の体系と言い得るとするならば、ヘーゲルは、現象論よりも以前にすでに、神学や倫理学や形而上学の問題を取り扱った数篇の論文の中で、この同じ汎論理主義を予見させている。現象論の含む議論は、すべて、その汎論理主義の現れに他ならない。それ故に、概念上、論理的に言うならば、体系はむしろ現象論に先行する。だから、体系の見地から、体系の言葉をもって、現象論を解釈するということは、当然ではないか。

B。君の言う所は一応傾聴に値いするといわなければならない。しかし、一方に於いて、そこには重大な困難が存している。と言うのは、ヘーゲル自らが、現象論の序文や本文の中で、殊《こと》にその論理学の緒論の中で、君の所論と相容れないような言明をしていることである。簡単に言うならば、現象論の内容は、それ自身だけで独立に批判さるべきものであり、かつ、それは論理学の所説に先行すべきものである事をヘーゲル自らが言明し要求しているのである。それのみではない。一八〇七年の五月、シェリングへの最後の手紙の中では、現象論はしょせん序論であるべきこと、かつ、当時未だこの序論を超えて体系の実質的内容にまでは思考が達していないことを、語っているのである。だから、現象論の内容を、後年の体系の言葉で解釈するという事は、ヘーゲル自らの言明、ないし要求、ないし計画の順序を変更しかつ顛倒することではないか。

A。いかにもそれは、外見上、ヘーゲルの計画の変更であるかも知れない。しかしながら、事柄の本質に立ち入ってみれば、このいわゆる変更を是認すべき理由がある。一体、現象論を理解するのに、現象論の中で展開されている思想の源泉起原を索めて、これを見出して、この源泉から出発して、それの展開としての現象論を解釈するという事は、最も自然な遣り方ではないか。ところで、前に言ったように、ヘーゲルは、夙《つと》に一八〇六年以前に於いて、本質的には既にかれの体系を描出しているのである。尠《すくな》くとも、全体系の根幹は、その基調は、その原理は、すでに表現されているのである。言わばオリジナル・システムはすでに与えられているのである。だから、本質的に言えば、体系の中にこそ、現象論の思想の源泉が存すると言わなければならないではないか。

B。君の見解は、実際に、従来多くのヘーゲル研究者の信じている所である。しかし、それは、明らかに、一つの前提の上に立っている。即ち、君のいわゆるオリジナル・システムなるものと、後年の体系とが全く一致しているという前提である。ヘーゲルの思想展開が、最初から最終まで、全く同一の原理に貫かれた連続であるという前提である。しかし、その点に関しては、僕は異論を提起したいと思っている。一体、ヘーゲルは一八〇六年以前に、未発表のままに残された種々の原稿を書いているが、しかし、果して、それらの間から一つの統一ある体系を見出す事が出来るであろうか。あのノールの編纂した遺稿論文集（H. Nohl : Hegels theologische Jugendschriften nach den Handschriften der Kgl. Bibliothek in Berlin, 1907）だけについてみても、そこに収録された諸断片相互の間に、原理的の統一の欠けている場合を指摘することが不可能ではない。いわんや、それら初期述作中の或るものと、後年の体系とが、全く同一の原理を含んでいるとは、到底言い難い所がある。ヘーゲルの思想の中に、何時でも、確固とした完成的の連続を見出さなければ承知しないと言う事は、とかく、ヘーゲル祖述者たちの悪い癖である。例えば、エンチクロペディーの第一版と、その最後の版とを比較してみたまえ。殊に、その両者について、「現実性」に関する部分などを吟味してみたまえ。あそこなどには、僕は確かに変化があるとさえも思っている。否、エンチクロペディーの中だけに就いて見ても、そこに配列された全範疇系列が、果して、同一なる原理によって貫かれたギャップのない連続であるかを、僕は疑っている。内容のない全く抽象的形式的な弁証法を云為《うんい》して済ましている人々にとっては、こうした問題は起らないであろう。しかし、弁証法なるものの本当の意味は、恒《つね》に内容に即しての思考である事を忘れない人々にとっては、現象論やエンチクロペディーの範疇系列を綿密に追従しようと試みる際に、こうした疑問に逢着することがむしろ当然であるようにさえも見えるのである。だが、このような事柄は僕等の当面の問題ではないから、それは別として、とにかく、ヘーゲルの初期の思想の中に、後年の体系のオリジナルの形態を見出し得るが故に云々という君の議論は、よほど割引きして評価されなければならない。むしろ、未だ証明されていない前提の上に立っていると言った方が、いいであろう。

A。では、その点では一歩を譲ろう。そして、体系云々という事は言わないことにしよう。しかし、一八〇六年以前の述作の中に、現象論の源泉を求めるというだけの事には、勿論、君も賛成するであろう。そこで、……

B。一寸《ちよつと》待ってくれ。もとより、一八〇六年以前の色々な述作の内容が現象論の成立の背景をなすという事は、著者に於いて心理的の事実である。しかし、先き程も言ったように、その時期の色々な述作は、すべて統一的協和的であるとは断言出来ない。否、むしろ、そこには相互に不協和的のものさえもあると考えている。しかも、それらのすべてが、相互に不協和音を奏でるがままに、混然たるがままに、現象論成立の背景をなすという事が事実なのである。だから、それは、混雑な背景でしかない。未だ直ちに、現象論のための統一ある源泉であるという訳には行かない。

A。なるほど。では僕も、その、背景であるという事で満足しよう。それは実に背景である。それ故に、この背景を明確に把握することによって、現象論へと進むべき門戸が開けて来る。だから、一八〇六年以前の述作を通して、現象論を書くに到ったまでのヘーゲルの内的展開を辿ることが、即ち、現象論を解釈するための秘鍵を提供すると言うことが出来る。例えば、ディルタイなどの仕事の様な……

B。しかし、君、初期の述作をたよりにして、ヘーゲルの内的生活を再構成するということは、いかにも興味ある仕事には相違ないが、甚だデリケートな仕事である。そして、それが果して現象論を理解するために不可欠の仕事であろうか。昔から、すでにクラシカルになった研究だけでも、例えば、ローゼンクランツ（K. Rosenkranz: G.W. F. Hegels Leben, Supplement zu Hegels Werken, 1844）や、ハイム（R. Haym : Hegel und seine Zeit, Vorlesungen über Entstehung und Entwicklung, Wesen und Wert der Hegelschen Philosophie, 1857）や、ハッチンソン・スターリング（J. Hutchison Stirling: The Secret of Hegel, being the hegelian system in origin, principle, form and matter, 1865）や、ベーリー（J. B. Baillie : The Origin and Significance of Hegel's Logic, a general introduction to Hegel's system, 1901）や、ローゼンツワイグ（F. Rosenzweig : Hegel und der Staat, 1920）や、ディルタイ（W. Dilthey : Die Jugendgeschichte Hegels, 1905）や、いろいろの人々が、この同種の仕事を各様に試みている。近頃はまた、あのヘーリングの大きい本（Th. Haering :Hegel, sein Wollen und sein Werk. Eine chronologische Entwicklungsgeschichte der Gedanken und der Sprache Hegels, 1929）を始めとして、この種の研究は数え切れない程に沢山ある。一体、君は、この場合、なにびとのオーソリティーに従おうとするのか。君自身またそれ等とは別に、独自の見解を立てようとするか。初期の述作は、いづれも、かなり断片的で、散在的で、未完成的で

ある。それらの間からまとまった形姿を描き出そうという事は、それ自身いかにも興味はあるが、そこには色々と論者の主観的見解の容喙《ようかい》し得る点がなければならない。だから、そうした言わば心理分析的の方法を採用して、依って以って現象論に赴くことは、うまく当たるかも知れないが、また、そうでないかも知れない。

A。しかし、君の言う所は、初期の内的生活の研究とその再構成とが、一般に困難であるという事情を言うだけであって、このような研究が現象論への入門として必要であるという事を、否定するものではない。

B。いかにも、僕はその必要を否定しはしない。それどころか、僕もまたその必要を主張したいとさえも思っている。けれども、次の事柄は忘れられてはならない。いま僕らは、いかにして現象論に近づいて行くべきか、について話しているのである。そこで、現象論は、もとより、初期の述作に現れているような思想を背景として、出来上ったものには相違ないが、しかし、その初期の述作から現象論への展開は、必ずしも原理的に統一的の連続ではないのである。現象論は全面的に初期の思想を前提ないし継承してはいない。そのことは、すでにシェリングなども指摘している所である。例えば、悟性とか理性とかいうような言葉のもつ内容だけに就いて考えてみても、現象論は必ずしも初期の述作を踏襲してはいない。殊に直観のもつ役割などに於いては、かなり顕著な原理上の変化をさえも示している。初期述作の中に蔵せられたモティーヴを求めて、ヘーゲルの心の内部に這入ってみることは、それはそれだけ別個の事柄であって、必ずしも直ちに、現象論という書物が論じている論理内容を会得する所以《ゆえん》とはならない。だから、現象論は、初期述作を背景としてはいるが、しかし、それはそれ自身で独立な一つの著述であり、ヘーゲルの哲学的思考の始めての纏まった労作であり、そしてあくまでもかれの哲学体系の第一部である。尠《すく》なくとも、そう考えることが一番素直である。

A。では一体どうしろと言うのだ。どういう態度を以って、現象論に向えと言うのだ。

B。勿論、君たちのような、既にヘーゲルに就いて多くの事を学んでいる人たちに対しては、おのずから、別の言い方もあるが、いま、全く非専門的な初歩の人に向っては、僕は次のように言いたい。——まずただ現象論を独立のものとして、それ自身の言葉に於いてお読みなさい。それの源泉を発生的に追求したり、それの展開としての体系を考慮したりすることは、専門家にとってはともかく、さし当り諸君には不必要である。むしろ邪魔になる。そうした前提（源泉）や結論（体系）が、この書物を読むために必要であるならば、著者自らが、この書物の中で、それを与えてくれるであろう。現象論という書物は、ヘーゲル自身の要求によれば、一つの有機的な生物である。自分の足で立っている。この自足性を否定して、むやみに、前提や結論にたよる必要はない。いわゆる前提的源泉に含まれている観念は、現象論以前の著者の心には確かに内在していたものであっても、それが直ちに現象論そのものに内在する観念ではない。同様にまた、いわゆる結論的体系に内在する観念も、直ちに以って、現象論に内在するものと同一だとは言えない。かくて、源泉や体系にたより過ぎる事は、この現象論そのものには内在的でない観念を、外来的に導入する危険を胎んでいる。——一体、君がいま一つの新刊書を手にした時に、その新刊書の思想を理解するためにとて、まず準備的に、その著者がそれ以前に書いた色々の断片をしらべてみたりして、その新刊書に盛られた思想の内的源泉を探ろうとしたりするであろうか。要するに、君は、一八〇七年に、イエナ大学の新進教授としてその名くらいを聞き知っているヘーゲル氏の『精神現象論』という新刊書が現れたので、自分の知識欲からこの魅力ある表題の書物を読んでみようと考えて、これを始めて手に取り上げた当時の読書人のような立場に立ちさえすれば、それでいいではないか。その書物を読了した時に、興味が湧き、また必要を感じたならば、同じ著者の既往の述作をあさるのもいいだろう。将来に向って、その著者の発表するものを、期待を以って注意しているのもいいだろう。しかし、それもこれも、とにかく、当面の新刊書を読んでみた時のことではないか。

A。なるほどね。だがしかし、ヘーゲルの書物の、殊《こと》にこの現象論の、あのいやにひねくれた難解さに対しては、どうしたらいいだろうか。

B。君は例の有名な伝説を知っているかい。ヘーゲルが、そろそろ最後の息を引き取ろうという間際に、「おれの学生たちの中で、おれを理解したものはたった一人だった」、と言ったというのだ。そして一寸間を置いて、いよいよ本当に最後の言葉として附け加えたそうだ。「そしてこのたった一人の男もまた、完全にはおれを理解しはしなかった」、とね。そうして息を引き取ったというのだ。——ヘーゲルの書物の難解なゆえんは、あのひねくれた書き方や、変な言葉の使い方などにあるよりも、むしろ、我々自身がヘーゲルと一緒に思考を進めて行くことの困難という点にあると思う。だから、ヘーゲルが解りよくなるためには、かれの流儀に従って物を考えることを練習するより他に、手段はない。例えば、人はよく、弁証法を理解する事は難しいという。しかし、弁証法なるものが何であるかを理解するだけの事ならば、大して難しい事柄ではない。本当に困難なのは、ヘーゲルと一緒に、弁証法的にものを考えて行くことだ。弁証法とは何ぞやという事が困難なのではなく、弁証法的にものを考えて行くことが困難なのである。しかも、弁証法的に考えて行く事を外にして、弁証法はあり得ない。そして、このヘーゲルと一緒に考えて行くことを会得するためには、ヘーゲルに連れ立って練習してみるより外に仕方はない。この練習のためにもまた、現象論は至極格好の本だろうと思う。

○

さて、この対話の中で、いくらか理論的に展べられた見解は、実際にまた、ヘーゲル自身が、『精神現象論』の読者に要求したところである。著者自ら、本文の中でも、また「序文」の中でも、『精神現象論』の所論は、それ自身の内容を構成する言葉によってのみ、理解せられ、批判せらるべき事を希望している。そして、また、『論理学』の緒論の中では、『精神現象論』の提供した概念演繹に対して、論理学の基礎としての責任が課せられている。換言すれば、論理学の領土は、純粋思考または純粋理性の世界として独自の領土であるが、それは、現象論に於いて開陳された知識の概念ないし学の概念によって、支配される世界である事が述べられている。もっとも、この支配するということは、直ちに、その世界の実質内容を構成するという意味ではない。或はまた、一八〇五・六年頃、即ち、紆余曲折の路を辿りながら、ようやくにしてかれ自身の哲学の体系が育ちつつあった頃の大学の講義についてみても、論理学及び形而上学、即ちその哲学体系は、常に「先行する現象論を基礎として」開陳されていたのである。要するに、論理学や自然哲学や精神哲学や、そのいわゆる体系は、現象論の提供する演繹を前提ないし基礎とする別個の仕事である。ヘーゲルが、その『精神現象論』を以って、思弁哲学一般への序論ないし入門、或は、学の体系の第一部と呼んだ意味は、ここに存すると言うべきである。しかも、後続すべき

第二部以下は、未だ充分には成育していなかったのである。人は、これに対する反証として、イエナ時代の論理学の草稿断片（Jenenser Logik, Metaphysik und Naturphilosphie,aus dem Manuskript herausgegeben von G. Lasson, 1923)を挙げるかも知れない。しかしながら、その草稿と後年の論理学とを精細に比較するときには、かれは、その反証を撤回することに賛成するであろう。かくて、要するに、『精神現象論』をば、後年の体系の言葉でもって解釈したり、或は、いわゆるオリジナル・システムの言葉によって解説したりする態度は、ヘーゲル自らの拒むところである。

我々は、何らヘーゲル哲学に関する予備知識をもたない初歩者として、安んじて、この名著『精神現象論』を手にしよう。

ヘーゲル哲学の性格

その一、経験の哲学

さらば、『精神現象論』をば、直接に、それ自身の内容に即して、それ自身の言葉によって、読解しようとする態度は、正確に是認せらるべきである。さりながら、この哲学が生れ出て来た思想史的地盤の構造、ないし、ヘーゲル哲学の一般的性格について、若干の知識を具えて置くことは、その哲学に対する理解の方向を指針する意味に於いて、特に初歩者にとって役立つであろう。蓋《けだ》し、それは、一方では、一般にヘーゲル哲学に関してしばしば懐《いだ》かれている独断的の誤解について警告すると共に、他方では、この『精神現象論』をも素直な気持ちで読むことを助けると思われるからである。だがしかし、これを細述することは、この小冊の分量が許さない。そこで、私は、特に、初歩者として『精神現象論』を読もうとする人々にとって、最も有効であると思われるような技巧を選択して、極めて簡単に、この哲学の歴史的地盤の構造から、この哲学の一般性格を窺って置こうと思う。

由来、ヘーゲル哲学に関して、トレンデレンブルグ（Adolf Trendelenburg, 1802—1872）

以来、最も常識的にしてかつ最も重要な批難の一つとなっている点は、その哲学が経験と絶縁しているという事である。我々の経験というものは、単に、悟性的概念的の仕事であるばかりではなくて、感性的（感覚的）直感的の仕事もまた重要な要素であることが事実であるのに、ヘーゲルの哲学は、悟性的（理性的）認識のみを以って事として、感性を無視していると言われている。そして、このような意味に於いて、しばしば、汎理性主義または汎論理主義と呼ばれているのである。――もっとも、このような批難は、殊にヘーゲル哲学に対して著しいとは言え、必ずしもヘーゲル哲学のみに限られてはいない。一般に、哲学的認識というものは、ただ悟性や概念などによってのみ構成されるものであって、感性（感覚）は、これを排除すると考えられる。否、哲学者自身の口からさえも、しばしば、一切の感性から浄化された思想が真に哲学的であり、感性の存在ないし介在は哲学的認識の邪魔になる、という見解が広く流布されている。しかしながら、この点に関しては、非常に多分の反省が要求されなければならない。

では、この点に関して、ヘーゲル哲学は、どんな方向を目指しているであろうか。我々は先ずこれを歴史の側から眺めて、この哲学の性格を把握するための小許の材料を提供して置こうと思う。

○

人間の認識（知識）の構成に、悟性と感性と、二つの機関があると考えることは、かなり常識的であるし、歴史的にもまた既に古くギリシャ以来論じられていた事柄である。例えば、変化的の現象を、そのまま直接的感覚的に把握するものは感性認識であり、これに対して、かかる変化的現象の背後に、恒常不変化的なる法則的関係を把捉するものが悟性認識である。而《しか》して、この二種類の認識は、歴史の途上、常に必ずしも同等の権利ないし価値に於いて承認されてはいなかったのである。大体に於いて、中世を通じて、一般に認識（知識）の純粋性は、一切の感性的要素から浄化された純粋の悟性的概念的労作に求められたのであった。換言すれば、ただ悟性認識のみひとり優越の地位を認められて、感性は著しく軽侮されて来たのである。認識に於ける感性（感覚）の介在は、むしろ認識の純粋性を穢すものとして、邪魔物視されていたのである。しかるに、近世の初頭からヘーゲルに到るまでの哲学の展開は、その主要なる幹流的の動向は、認識における感性の地位の向上という方途を辿ったものであると言うことが出来るのである。嘗《かつ》ては不純なるものとて軽侮されていた感性が、近世的の自覚と共に、漸次《ぜんじ》に、認識構成に於ける不可欠の要素として、正当なる権利を承認されて来る。蓋《けだ》し、人間のもつ認識は、神の叡智とは異って、しょせん、経験認識であり、即ち悟性と感性との共同作業の産物であると考えられて来る。

かくて、哲学は、中世風に単に悟性だけの認識を以って事とするのではなくて、実に経験の哲学とならなければならない事が、主張されるようになるのである。

ここに、経験の哲学と呼ばれたものは、哲学説の中の一つの立場としてのいわゆる経験論、一般にいわゆる合理主義に対立するものとしての経験論を意味するものではない。経験論なるものは、結局、感覚（知覚）が与える経験的印象を絶対究極的なものと考えて、これを土台として、そこから、真理の問題も、善悪の問題も、一切を解釈しようとするのであるが、ここに言う経験の哲学は、むしろ、いわゆる経験的知識なるものを批評しようとするのである。人間の知識構成に於いて、経験を侮蔑せず、むしろそれの権能を正当に承認すると共に、しかしながら、経験を以って究極的のものとはせずに、それの限界をも正当に決定しようというのである。それ故に、経験の哲学は、（合理主義のように）経験を否定するのではなくて、（経験論と共に）経験を尊重する。しかし、（経験論のように）経験を以って究極的のものと考えるのではなくて、経験の構造と意義と価値とを批判するものである。かくて、一般に人間のもつ認識の成立と構造とを検討するに到るものである。

さて、その人間的知識の構造に於いて、感性の領有する地位の漸次的向上、それが近世哲学の主要なる展開の方向であると言った。そして、ヘーゲルの哲学もまたこの進路から外れているものではない。この哲学もまた、その根本的性格に於いて、いわゆる経験の哲学であることを理解しなければならない。我々は、この事を明らかにするために、暫《しば》らく、哲学の歴史を跡づけてみよう。

○

近世の初頭以来、上述の展開の萌芽は、もとより様々の形で現れているが、就中《なかんずく》、すでにライプニッツの哲学の中に見出される。ライプニッツの世界は、有名な「単子」の世界である。多数の単子が集って、この現実の世界を作っている。ところで、単子はすべて二重の働らきないし契機を含んでいる。能動的な「形相」と、受動的な「質料」とである。だから、現実の世界に属する単子は、この相互に受動的な質料性によって、お互に結合されていると言ってもいい。言わば、質料性は単子相互を結びつけている靭帯である。さて、一つの単子に含まれる形相と質料との割合は、一つ一つの単子によって異っている。そして、比較的に質料性が多くて形相性の尠《すくな》いものから、比較的に形相性が多くて質料性の尠いものへと、――両者の割合の微分的差異に従って、――下等の単子から高等の単子へと、微分的連続の系列をなしている。これが、単子の世界の構造の概観である。

ところで、単子の働らきは、表象即ち認識であるから、その内的構造による上述の系列に応じて、単子のもつ認識の明度の系列が存する訳である。質料性が多量で形相性の僅少な下等の単子のもつ混乱して不分明な認識から、段々と微分的の段階を経て、形相性が豊富で質料性の微量な高等単子の明晰にして判明な認識へと連るわけである。換言すれば、下級の認識能力をもつ単子から、順次に、高級の認識能力をもつ単子に及んでいる。そこで、かような系列を段々に上昇すると、遂に、一切の受動的質料性から浄化された純粋の形相、従って純粋にして絶対な認識をもつ単子に到るであろう。かかるものは、即ち、神と呼ばるべき単子である。ところが、このような単子は、内的構造上、全然質料性をもたないが故に、従って、先に言ったような単子相互を結合する靭帯を欠いているが故に、この単子は、この靭帯によって相互に結び付けられた単子世界の連関から飛び離れてしまって、言わば超世界的、世界外のものとなってしまう。(この点が重要なのである)。だから、ライプニッツの神は、スピノザの場合のように、世界に内在するものではない。即ち、ここでは、およそ世界に存するいかなる単子といえども、必ずや若干量の質料性を内含し、従って、純粋認識(理性)的ではあり得ない。純粋形相的なものは、世界から飛び離れてしまっている。

そこで、いま、質料性に応ずる下級の表象を感性と呼び、形相性に応ずる高級のものを理性と呼んでもいいであろう。(そして、その中間に悟性を置く)。しかる時は、単子の世界に於いては、いかなる下等の単子といえども微分量の理性を有すると共に、いかに高等なる単子といえども、それがこの世界に属する単子である限り、絶対に純粋理性的であることは出来なくて、必ずや若干量の感性を含むものである。換言すれば、人間の認識である限り、いかなる認識といえども、絶対に感性的要素を欠くことは出来ないのである。

この事は、我々の認識が理性（悟性）と感性との共同労作であるという考えへの萌芽でなければならない。尠くとも、認識に於ける感性の意義の重大性の承認への強力なる武歩《ぶほ》でなければならない。そして、このライプニッツの思想は、やがていわゆるライプニッツ・ヴォルフ（Christian Wolf, 1679―1754）哲学となって発展し、後続哲学にほとんど決定的の展開方向を指示して、カント、ヘーゲルも、すべてこの進行路程の上で動いていると言うことが出来るのである。

ライプニッツ・ヴォルフ哲学の代表者の一人であり、直接カントの先駆者となったバウムガルテン（Alexander Gottlieb Baumgarten, 1714―1762）に於いて、この方向への展開はいよいよ顕著である。かれに於いては、形而上学に先行して「認識の学《グノセオロギア》」が論じられるのであるが、それは二部から成る。第一部は、高級認識学、即ち高級なる認識能力の学であって、悟性を論じる。それ故に、この部分は伝統的に論理学《ロギカ》と呼ばれる。これに対して、第二部は、下級認識学として、第一部を補足するものであり、即ち感性認識の学である。それ故に、この部分は感性論《エステチカ》と呼ばれる。（後世、美学《エステチカ》と呼ばれるものの原型である）。

さて、この第一部の論ずるものは、もとより、明晰なる認識、即ち理性的ないし悟性的の把捉であるが、第二部の論ずるものは、いわゆる不分明なる感性的の把捉である。しかも、この両様の把捉は、ともに等しく認識であり、一般に認識なるものの構成部分である。それ故に、認識一般の究極的対象が絶対者と呼ばれ得るならば、この両者は、等しく、この絶対者を把捉せんとする認識である。もしも、かかる認識が一般に、ただひとり悟性的認識であるべきならば、感性的把捉なるものは認識の圏内から放逐せらるべきであろう。しかるに、バウムガルテンは、この感性的把捉の学が、「認識の学《グノセオロギア》」として、可能であるのみならず、また必要である事を承認しているのである。かくて、かれにとっては、かかる感性的認識がいかに成立し、いかなる領域の認識であるべきかが問題となって、そこからいわゆる美学の建設に赴いたのであるが、それはとにかくとして、ここでは、感性的認識なるものの固有の意義が明らかに承認されて、感性論が、充分なる理由を以って、哲学認識の体系の中に、その地位を主張するに到ったのである。換言すれば、感性が、正当なる権利をもって、認識の成立の中に参加して来たのである。かくて、感性に対して、確然と認識論上の価値を承認したと言うことは、近世ドイツ哲学の展開史上に一つのエポックを作ったとも言えるのである。さればこそ、ライプニッツ・ヴォルフ哲学の後継者カントは、その『純粋理性批判』に於いて認識を論ずるに当たっても、感性に対して、非常に重大な意義を与えざるを得なかったのである。

ただ、バウムガルテンに於いては、なお未だ、悟性認識は高級であると言われ、感性認識は下級と呼ばれている。この事は、明らかに、より多くの重要性を悟性の上に置いた事を語っている。しかしながら、ひとたびかれの感性論そのものの中に這入って行って、その論ずる所をみると、かれは、悟性認識に対して、感性認識の甚だ独特にして固有なる意義を見出しているのである。若い女の薔薇色の頬を見ると（感性的認識）美しい。しかし、強度の拡大鏡を用いて見ると（悟性的認識）、そこには血管や毛孔の嫌悪すべき光景がある。認識がいよいよ悟性的になる事は、真理認識の増大を将来するとしても、同時に美しさは消失してしまう。かくて、バウムガルテンは、感性認識が悟性認識に対して特殊な固有の意義と価値とをもつことを闡明《せんめい》して、感性認識の不可欠なるゆえんを主張しているのである。このことは、感性の地位の向上に向っての偉大なる武歩でなければならない。

それにも拘らず、感性論（美学）はなお悟性論（論理学）の下風に立つ。もしも、感性認識が固有の意義と価値とをもつものであるならば、何故に、それは、他の悟性認識の下風に、下等なるものとして、立たなければならないのか。何故に、論理学は美学の上位に、真は美の上位に立たねばならぬのか。かかる問題に対しては、バウムガルテンは、それをただ自明なことと観ずるより他に、答えることは出来ない。それは、かれの立場が既に合理主義的の先入見に於いて構成されているからである。

カントの認識構造論において、感性の占める位置は、上述のすべてにもまして重大である。カントに従えば、人間の認識は、感性による直観と悟性による概念と、二つの要素の共同労作としてのみ可能である。そのいづれを欠いても認識は成立しない。ここでは、認識は経験認識であり、経験の対象にのみ限られている。而して、経験対象の成立のための不可欠の条件は、まず、それが感性に於いて与えられるという事である。かくて、認識は経験界にのみ限られて、感性に与えられず従って経験に属しない対象（神）については、認識は成立しない。ここに人間のもつ認識の限界がある。——ここで、ライプニッツの単子の認識に関する議論を思い返すがいい。かれによって植えられた萌芽が、あざやかに開花して行く経緯を看取することが出来るであろう。

カントは、周知のように、一般（形式）論理学と先験的（存在論的）論理学とを区別する。前者は、経験的対象的認識から一切の内容を抽象し去って、ただ悟性の形式のみを云為するものである。それ故に、かかる論理学は、対象の認識、ないし、認識の対象については、何事をも言う権利はない。従って、それは、認識の真（また偽）について、何事をも言うことが出来ない。何故ならば、真とは対象の認識に関するものであるのに、悟性の形式のみを論ずる一般論理学は、対象の認識に関与することが出来ないからである。——対象の認識を云為し得るものは、従って、認識の真偽を問題とし得るものは、実に、対象の成立ないし構成を論究する存在論的理説でなければならない。かくて、この認識対象の内容的成立を論ずるものが、即ち先験的論理学であって、それは、感性の与える直観的要素をもって、認識の内容として要求するものである。直観的要素の無い認識とは、全く空虚であり、無内容であって、認識の名に値いしない。感性の共同労作を伴わざる単なる悟性の作業は、認識を生産することが出来ない。かくて、認識成立の条件は、感性と悟性の共同作業たる所に存して、それは同時に、経験対象の、従って、一般に経験の成立の条件と合致する。

換言すれば、単に悟性の条件のみを充たすものは、たとえ可能的ではあり得ても、未だ以って現実的と言うことは出来ない。物が現実的たるために不可欠の条件は、それが経験に現れることであり、即ち、感性の素材的条件（感覚）と結合してあることである。かかる現実の世界のみが、まことの認識の纏綿《てんめん》し得る世界である。単なる悟性的可能の世界は、理念の世界ではあり得ても、認識の世界ではない。それは、知識の世界ではなく、厳密なる科学の云為し得る世界ではない。科学の世界、認識の世界は、必ずや、不可欠的に感性の参加を要求するものである。

かくして、カントに於いて、感性は認識の成立のための必然的契機となった。認識は実に感性と悟性との共同労作の成果であって、認識の成立のためには、いずれを軽く、いずれを重しとすることも出来ない。悟性を伴わざる認識は盲目であり、感性を伴わざる認識は空虚である。そして、このような認識理説は、まことにカントの公平なる精神の表現であると言うべきである。

しかしながら、更らに進んで、思いをカントの全哲学の上に及ぼすならば、かくの如き認識理説を捧持するカントに於いてすらも、かのライプニッツ・ヴォルフ哲学を支配した悟性尊重の風格が、なお未だ全部的に克服されてはいないようにみえる。この点を最も直截に語るものは『判断力批判』である。例えば、そこでは、趣味判断の普遍性の根拠が、従って、普遍的合目的性の根抵が、感性の中にではなくて、悟性と構想力との統一に求められている。この事は、直ちに以って、悟性を感性の上位に置くことではないけれども、しかも、終局に於いて、ドイツ的合理主義的の風格によって支持されていることは、否定出来ないであろう。そして、もしもこの点を強調し、特にこの点に不満を感ずる者があるならば、その人は、悟性認識に対して、感性認識の独立を要求しなければならないであろう。尠くとも、悟性と感性とを、あらゆる意味に於いて、対等の地位に置くべく試みなければならないであろう。実際に、その事は、例えばフィードラー（Conrad Fiedler, 1841—95）などの関心事であったのである。しかしながら、いまの我々にとっては、それは当面の問題ではない。

ところで、ヘーゲルは、尠くとも上述の思想連関に於いての限り、カントの弟子である。もしもカントの哲学を経験の哲学と言い得るならば、ヘーゲルの哲学も、まさしく同様に経験の哲学である。カントが認識に於ける感性の意義を確認するとき、ヘーゲルもまた同様に感性の認識論的意義を確保する。カントが、単なる悟性的形式的抽象性を排して、現実的対象の認識を云為するときに、ヘーゲルもまた、現実性の具体的認識を以って最高の関心事とする。

そしてヘーゲルは、次のように道破する。――単なる抽象、もしくは形式的の思考は、一般に、哲学の全然係わる所ではない。哲学の内容は、意識の内と外との世界をなす内容、即ち、現実である。そして、この現実なる内容の直接的意識を、我々は経験と呼ぶ。それ故に、哲学が、現実ないし経験と一致すべきことは、必然である。かくて、現実及び経験と一致するか否かは、一つの哲学の真理であるか否かの外的試金石である。而してまた、このような一致を認識することによって、自己意識的の理性と現実との融合を闡明することが、一般に学の終局目的でなければならない。――かくて、ヘーゲルは、その『精神現象論』に対して、「意識の経験の学」という別名を加えている。それは実に意識の経験の学である。それは、意識の経験の現れる仕方を論ずるものである。端的に、経験認識の類型を論ずるものである。そして、経験の各類型が、精神の全体系に於いて、いかなる構造をもち、いかなる位置を占め、いかに展開するかを記述するものである。そして、このような経験の発展が、遂に絶対者の学的認識に到るべき道程を示すものに他ならない。

かくして、我々はいまや、一般にヘーゲルの哲学に就いて、その顕著なる性格の一面を把握した。いまや、ヘーゲル哲学は経験と絶縁しているという常識的批難の不当なる所以《ゆえん》を、理解し得たであろう。むしろ反対に、尠くともその企図に於いては、その哲学は、端的に、経験の哲学である。ここに、始めて『精神現象論』を繙読せんとする我々は、先ずこの点を銘記して置かなければならない。——ただ、このヘーゲルの哲学が、その実際内容に於いて、果してよく経験の哲学たるの実績を挙げ得るか否か、果してその所論に、現実ないし経験との乖離を招致すべき因子が胚胎していないかどうか、それは自ら別個の問題である。批判的にこの問題を勘考するためには、我々はまずヘーゲルを読まなければならない。

その二、意識の無限性

前段に於いては、ヘーゲル哲学の重要なる性格として、それが、カントの哲学と同様に、経験の哲学であることを理解した。しからば、一般にヘーゲルの哲学は、殊にいま我々の当面の問題たる『精神現象論』は、全くカントの哲学と同様の立場に於いて書かれているであろうか。勿論、我々は、否と答えなければならない。しからば、その相違は何処に存するか。——この点を考究することは、やがて、我々を誘って、ヘーゲル哲学の性格に関する第二要素の理解へと導くであろう。そして、この理解もまた、始めて『精神現象論』を読む者にとって、極めて有用な準備でなければならない。

いまここに、あらかじめ、両者の基調を比較して、一言に要約するならば、次のように言い得るであろう。カントの哲学に於いて、認識能力は有限である。ヘーゲルの哲学に於いては、認識能力は無限である。従って、前者の認識は絶対を把捉し得ないけれど、後者の認識は絶対を把捉する。しかも、両者ともに経験から出発する。——この相違は、何処から来るか。これを理解するためには、すこしく、ヘーゲルの初期の哲学的展開を分析することが、有効であるように思われる。若いヘーゲルが、カントをいかに解釈し、いかにそれを批評したかを見るならば、そこから、おのずから、ここに要求せられたる理解への路が開けるであろう。

ヘーゲルは、その初期の述作に於いて、しばしば、カントの哲学に言及しているのである。もっとも、厳密に言うならば、若いヘーゲルは、殊にその頃かれの主要関心事であった道徳宗教の問題領域において、直接にカントから学んだのではなくて、かれの学んだカント哲学（宗教論）は、主として、シュトール教授（Gottlob Christian Storr, 1746—1805：Bemerkungen über Kant's philosophische Religionslehre, nebst einigen Bemerkungen über den aus Principien der praktischen Vernunft hergeleiteten Ueberzeugungsgrund von der Möglichkeit und Wirklichkeit einer Offenbarung in Beziehung auf Fichte's Versuch einer Critik aller Offenbarung, 1794. —Lehrbuch der christlichen Dogmatik, 1803. —Ueber den eigentlichen Zweck des Todes Jesu, 1800. etc.）によって媒介されたカント哲学であったのであるが、それはとにかくとして、かれがいかにカントを理解していたかという事が問題とされなければならない。この場合、ヘーゲルは、しばしば、カントを誤解していたのである。このことは、ヘーゲルが信仰と知識や哲学の主観性を論じた論文（Glauben und Wissen oder die Reflexionsphilosophie der Subjektivität, in der Vollständigkeit ihrer Formen, als Kantische, Jacobische und Fichtesche Philosophie, 1802.—Differenz des Fichteschen und Schellingschen Systems der Philosophie, 1801.）の中などにも、随所に散見せられるであろう。そして、いま我々にとって興味あることは、かれがカントを誤解し、誤解せられたるカントを批判し、これに応じてその思考を展開するところから、漸次にヘーゲル自身が育っていったということである。

○

さて、前段に述べたように、カントによれば、認識は、経験の世界、現象の世界に限られている。経験の世界に属しない対象、超経験的対象についての認識はあり得ない。ところで、かように、超経験界に対する我々の認識が不可能である事の所以は、要するに、人間の認識能力の有限であることに存する。端的に、悟性の有限性に存する。悟性は、もしくは悟性と呼ばれる意識は、有限であるが故に、それは、無限者、絶対者、超経験者を把捉することが出来ない。それ故に、無限者たる神や絶対善を根帯とする宗教や道徳の真理は、人間の有限的理論的悟性の認識の外に置かれなければならない。

しかるに、他方に於いて、道徳や宗教は、ただ、人間の絶対的無限的自由を根抵としてのみ成立する。もしも人間の行為が、純粋に意志の自由に基づく自律的のものでなくて、何者か他者によって他律的に支配され運命づけられているものであるならば、かかる行為に対しては、人は責任を負うべき限りではなく、かくては、行為の道徳性を云為する理由はなくなってしまう。かようにして、道徳の存立を究極に於いて支持するものは、無限的自由の真理でなければならない。宗教に関しても同様である。その根抵は、無限の生命、即ち永生（不死）の真理である。

しからば、一方には自然的有限性の真理があり、他方には超自然的無限性の真理がある。

この二重真理性の問題は、カントの道徳論及び宗教論に於ける重大なる難点でなければならない。一方には、我々は、内在的なる自由と永生の真理を確立しなければならない。しかも、これを客観的に主張すべき直観の事実に逢着しないが故に、それは我々の認識とはなり得ない。悟性の有限性の基礎に立てば、神の存在や、自由や不死は、理論的に否定されなければならない。しかも、道徳や宗教や、一般に人間性は、なお見えざる世界への確信を保持しようとする。

ここで、この困難を救うものとして、カントの提起した理説は、有名な実践理性の「要請《ポスチウラート》」という考えである。真の道徳的行為からは、必然的に、幸福が結果しなければならない。善行と幸福との完全な一致は、道徳的世界の秩序であり、実践理性の要請であって、たとえこの経験的有限的世界に於いて実現されないとしても、それは永生に於いて実現されなければならない。かくて、この要請こそ、実に、純粋なる道徳を支持するものであり、同時に、これによって、また宗教の真理が維持されるのである。――ところで、カントに於いて、それは実践理性の要請である。それは認識ではなくて、実に要請（要求）である。それが認識となり得ず、要請とならなければならなかった事の原由は、要するに、悟性の有限性にもとづいている。

○

そこで、次の事柄は、充分明確に把握されていなければならない。

悟性の有限性、従って超越界に関する理論的無能力と、宗教ないし道徳の真理とを調和させようという努力は、もともとカントの哲学の内部で生まれたものであり、カント的思想の圏内での仕事である。カントが認識の構造と限界とをあのように決定したればこそ、こうした問題が生れて来たのである。それ故に、この努力は、カントの問題設定を前提してのみはじめて必要に迫られる仕事であって、もしも全然カントの前提を放棄するならば、そしてカント的思想の圏内に住しないならば、こうした努力は払われずにも済むであろう。それ故に、我々が、例えば、フィヒテの『啓示批判』に於いて、またはヘーゲルの初期の述作に於いて、この種の努力が殆んど核心的の関心事となっている事をみるとき、かれらがすべて、カント的思想の圏内に動いているものである事を忘れてはならないのである。しばしば、人々は、ヘーゲルの哲学を以って、簡単に、カント哲学への反逆であると言う。しかしながら、ヘーゲル哲学の展開ないしその性格を仔細に考究する者よりみれば、この言い方は甚だ軽率である。ヘーゲルの哲学は、カント哲学への反逆ではなくて、カント哲学の圏内からの成長である。いかにも、ヘーゲルはカントから離れて行く。けれども、尠くとも展開の端緒に於いては、離れようとする自覚を以ってではなかったのである。

さて、カントの問題設定の圏内に於いて、悟性の有限性と宗教的無限性との調和の努力は、まずフィヒテの『啓示批判』(Fichte . Versuch einer Kritik aller Offenbarung, 1792)に現れている。そして、これは、同じ問題に関するヘーゲル的努力の前程段階として、我々にとってもまた重要である。フィヒテに従えば、超越界について把捉し得ないと言う事は、直ちに、これを否定し得るということではない。ここには一つの洞察がある。カントの困難は、啓示に関する答えを、(否定的にせよ、肯定的にせよ)、理論的理性に索める所にある。宗教の本質は、むしろ、一般に理論的理性の係わる所ではなくて、それはただ実践的理性の道徳的原理によってのみ解せらるべきである。そこで、ヘーゲルは進んで言う。啓示というような超越的の事柄に、単に理論的な悟性の法則を適用することは、あたかも、酒を物差しによって計り、アポローの首のカリカチューアを描こうとするに等しい。カントの哲学は、すでに、悟性の僭越に対して、適当の限界を示したはずである。かくて、ヘーゲルにとってもまた、宗教の真理は理論的に基礎づけらるべきではなくて、道徳的自由によってのみ確保せらるべきものであった。

そして、この事は、実に、ヘーゲルが、カントその人の理説として、(シュトール教授を通して)学んだ所である。カント自ら、理論的理性に対して、実践的理性の優越を説いた筈である。そして、この道徳的世界の直接的確実性、その絶対性、絶対の自由、それもまたカントその人の、教える所である。実に、宗教の真理をあやまらせるものは、冷酷なる悟性である。このこともまた実に、カントその人の教える所に他ならない。だから、かれヘーゲルにおいては、あくまで、忠実なるカントの弟子として、この冷酷なる悟性を踏み躙ってしまうことが、いささかもかれを苦しめはしない。それは、決して師に叛くことではなくて、むしろその意を体することである。――（実際には、カントの公平さは、このラジカルな結論を許さない。ここでは、カントに対するヘーゲルの誤解が物を言っている。）――かくて、かれヘーゲルは、カントの躊躇し逡巡した所を、安んじて、容易に、踏み越えて行くことが出来る。ヘーゲルは、その師カントから離れて行くという意識なしに、しかも、その師からはすでに離れて行くのである。

カントは、正直で、公平で、温健な性格の持主である。かれは一切の世界を満遍なく見廻して、極端な断定に赴くことが出来ない。かれの哲学が二元論的の印象を与える所以である。カントは老成円満である。ヘーゲルは若いのである。単純で、憧憬的で、確信的で、徹底的で、逡巡しない。かれは、しょせん、浪漫主義のもつ「若さ」の子息である。「若さ」は、無限なるもの、絶対なるものに憧れ、絶対の自由を要求する。だから、例えば、カントが道徳の格率として理性の「命令」をあげた時にも、ヘーゲルには、それが命令なるが故に気に入らない。何物によってであれ、「命令」に服従するということは、「自由」に反する。それ故に、命令に従っての行為は、真に自律的なる自由の行為ではない。真に自由なる道徳は、命令の存せざる所にこそ成立する。かくて、かれに於いて、真の道徳の根拠は「愛」であった。愛には命令はなく、愛からの行為は命令された行為ではないからである。（このような思想は、『精神現象論』の中でも、重大な役割をつとめている）。こうしたヘーゲルを育てあげた雰囲気は、メンデルスゾーン（Moses Mendelssohn, 1729—1786）や、レッシング（Gotthold Ephraim Lessing, 1729—1781）や、ヒッペル（Theodor Gottlieb von Hippel, 1741—1796）や、ヤコービ（Friedrich Heinrich Jacobi, 1743—1819）などであり、また実にカントその人でもあったのである。殊に、同郷の出身にして、ワイマルの文学界にゲーテと列んで、明星の如くに輝いているシラーに対して、就中《なかんずく》、その人の説く「生命」の概念に対して、若いヘーゲルが、郷党の後輩として、いかに憧憬の眼をみはっていたかを思うとき、我々は、能く、ヘーゲルの成長を理解し得るであろう。

○

さて、カントに於ける実践的要請の問題に帰ろう。この全要請論のもとづく所は、一言にして言えば、自然と自由との（消極的関係に於ける）対立ということである。即ち、感性的有限的自然的存在としての人間と、超越的無限的たるべき自由と。理論的には、両者の間には関係がないのである。そこで、道徳並びに宗教の真理を確立するために、両者の積極的なる関係を可能にするような原理を、導出すべき必要が与えられるのである。そして、そのような原理の役目を演ずるものが、この実践的要請である。これらの事柄は、すでに述べた通りである。

しかるに、若いヘーゲルの道徳的宗教的感激の前では、自由は、そんな覚束ない位置に立つものではない。かれにとって、自由は直ちに生命であり、自己充実である。そして、その事を教えた者は、まさしくカントその人である。カントこそは、「スピノザや、シャフツベリー（Anthony Ashley Cooper Shaftesbury, 1671—1713）や、ルソーと共に」、その心臓の中から道徳性を発展させた一群の人々に属している。かれこそは、理論理性に対する実践理性の優越を説く人である。否、理論的思弁に対して、道徳的宗教的体験の優越を説く哲人である。それ故に、ヘーゲルがカントの要請論をみる時には、そこに内含された核心は、実に、本源的に、道徳的宗教的体験であると考えられたのである。――実際には、カントの立場では、ただ道徳法則のみが本源的の確実性をもつと考えられていた。そして、神とか、永生とか、幸福とかは、この道徳の要求からの推論によって支持されるのである。しかるに、ヘーゲルにとっては、神や永生や、すべて宗教性の根基は、すでに本源的に道徳的体験（ないし感情）の中にある。カントは、ただ、その直接本源的の確実性を、あとから追解釈したものに外ならない。かくて、ここに、体験そのものに基づく所の、道徳性と幸福との本源的統一という思想が告知される。この思想こそは、カントの要請論に、新しい転向を与えるものでなければならない。

このような転向の推動力となったものは、カントに於ける一つの欠陥——とヘーゲルは考えている——についての認識であった。即ち、カントは、道徳と幸福とを、畢竟《ひっきょう》、本質的に異るものとして定立した。そのために、かれがこの両者を何らかの意味で関係づけようとするに当たっては、恒に、経験的な要素（経験的な動機）によって道徳が脅かされるという危険に、陥ち入らねばならなかったのである。そして、そこから更らに、徳と福との一致までが危険に瀕するの結果をうむ。ここに於いて、我々は、二重の仕方で、カントを修正しなければならない。一方では、道徳ないし最高善の理念が、あくまで純粋に保たれなければならない。そのためには、いわゆる経験的なる幸福、——勘くとも、経験的なるものへの類比《アナロギー》にすぎない所の幸福、——から、道徳と善とを隔遠することが必要である。けれどもまた他方では、この両概念の乖離を克服して、両者の本源的統一たるべき点を見出さなければならない。ヘーゲルの努力は、ここにあったのである。

永生に於ける幸福の期望、彼岸の幸福の要求。それは、いかように修飾せられようとも、結局、報酬を求めることに他ならない。否、そこでは、純粋たるべき道徳性が、感性的なるものによって不純にされている。それは、道徳的意識がそれ自身絶対的のものであるという確信の欠乏を、告白するものである。人は、彼岸の幸福の期望なくしては、道徳を実行に移すための動力を欠くと、抗弁するかも知れない。しかしながら、真の道徳的意識そのものの中には、すでに最高善（目的）が内含されてあるべきであるが故に、カントの言うような徳と福との分裂乖離による道徳実現の脅威は存しないと言うべきである。例えば、一人の軍人が道徳の故に戦うとせよ。かれはそこにかれの存在の目的を定立したのであるから、たとえそこに幸福が発見されないとしても、実にかれは既に一つの純粋なる目的を定立したのであるから、その目的の実現は全然かれ自身に依拠するものであって、何ら幸福というような餌さを借りなくともいい筈である。ここにこそ、明らかに、道徳的意識の自律性がある。かくて、道徳的意識の絶対性、それが一切の根幹である。――他面、カントに於いては、自由と自然との乖離があった。義しき者の不幸ということが可能であった。そして、カントは、かかる不条理なる状態に留まり得なかった故に、純粋道徳性の補助機関として、彼岸に於ける徳福一致の要求を掲げる。しかし、道徳意識の絶対自律性を確保するヘーゲルにとっては、この一致は、もはや要求ではなくて、道徳性そのものの本質の表現に他ならない。徳と福とは、絶対に、一致すべきものである。

○

これが、いわゆる要請論に対するヘーゲルの解釈である。そして、この解釈は、すでに、カント哲学の圏内からのヘーゲルの成長を示している。かれは、かれ自身となったのである。カントに於いては、人間の対象把捉は有限であるが故に、絶対者、無限者の存立は要請たるに止まる。ヘーゲルにとっては、本源的なる絶対性がある。絶対自律的なる道徳意識は、すでに、無限者をも、徳福の一致をも把捉している。かくてヘーゲルは端的に言う。無限者や徳福一致の絶対性を疑うことは、人間の把捉能力を有限とみる事の誤りに基づいている。我々は、率直に、この誤謬を棄て去ればいい。我々の意識は、げに、絶対者を把捉し得べき筈である。否、我々の意識は無限なのである。絶対者、無限者の把捉は、意識の能力内にあらなければならない。――かくて、意識の無限性ということが、ヘーゲル哲学の性格に於ける、顕著なる第二の要素である。

ところで、人は言うであろう。この経験的世界に於いては、なお依然として、道徳と幸福とは必ずしも一致していない、と。ヘーゲルは答える。然り、確かに一致していない事が事実である、しかし、それは自由と自然との乖離を証明することではあり得ない、両者の絶対的統一はすでに動かすべからざる確実である、と。――そこで、ヘーゲルは、このディレンマを解かんがために、この経験的不一致の問題の解釈を、全く異った方途に導いて行く。この乖離は、言わば人工的に作られたものではないか。例えば、知覚的事象を窮極的なものとして固執したり、暴力的に人格の自由を奪ったり、その他、政治的や社会的関係等の混迷から来たものではないか。ここで、問題の核心は、この乖離分裂を含んでいる意識そのものの、ないし、かかる意識の具体的現象の、構造と制約の究明へと移って行く。即ち、端的に、意識の経験の構造の問題である。そして、これぞ、まさしく、『精神現象論』が究明すべく努力する所の事柄である。

我々が『精神現象論』を読むとき、分量に於いて全巻の大部分を占め、内容に於いて全現象論の冕冠《べんかん》をなす所の「理性」と「精神」とが、全く倫理と道徳と宗教との議論に捧げられている事を見出すであろう。道徳に於いて実現せられる「精神」は、単なる認識的「悟性」よりも遙かに高き意識形態であり、倫理的理性はあくまで理論的理性よりも上位に立つ。くだけて言えば、倫理学は（認識的）哲学よりも深く、哲学は倫理学に於いてはじめて生きるのである。この事は、ヘーゲルの思想の全体を貫く特色であり、『精神現象論』はこの事を最も明快に基礎づけるであろう。そして、我々が以上に叙説した所を翫味《がんみ》し咀嚼《そしゃく》するならば、我々はすでに『精神現象論』の思想圏内に一歩を踏み入れたものである。

○

さて、以上に述べた事柄が理解されてあるならば、『精神現象論』を読むために必須なる準備は、ほぼ調ったと言っていいであろう。一方では、それが常に経験の分析であることを、同時に他方では、そこに常に無限的意識の発動の存することを、忘れてはならないのである。無限的意識の発動に導かれて、経験を吟味して行くこと、それが現象論の道程である。

精神現象論

序　文

さて、我々は、『精神現象論』の本を取り上げよう（Schulze版、Bolland版、Lasson版、Weiss版等。Baillieの英訳The phenomenology of mind, 金子武蔵氏の日本語訳、等）。そこには、まっさきに「序文」がある。ところで、我々――その我々は、いま、ヘーゲルの哲学については未だ何事をも知ってはいない、――は、殆んど全くこの「序文」を理解することが出来ない事を告白しなければならない。

それは我々の無能力の故であろうか。否。そうではない。実際に、この「序文」は、我々にとって未知の言葉を以って、未知の断定を綴っているものである。それを理解し得ないという事が、むしろ正直なのである。

一体、この「序文」は、前に言ったように、本文がすっかり完成した後に、あとから書かれたものである。一般に、この「序文」は、当時の浪漫主義哲学《ロマンチィーク》の迷安、殊にシェリングの自然哲学の独断に対して、ヘーゲル自身の立場から為されたる独立宣言であるとみられているが、この見解の当否は暫らく措くも、とにかく、この「序文」に於いてヘーゲルの語っている所の事柄は、現象論の本文を通して為された議論の完成を俟《ま》って後に成立すべきものなのである。「序文」の内容は、本文の全内容を前提している。それは、本文が最後に到達した言わば結論をまって、はじめて言表ないし主張し得らるべき性質のものである。この「序文」を、いまここで、我々が理解し得ないことは、まことに当然であると言うべきである。

それのみではない。現象論の理解に対して、あらかじめ準矩を求めてはならない。「序文」に現れている言葉や概念は、本文によって与えられる「理解」より、異る仕方で理解されてはならない。いわんや、我々が先ず「序文」をば勝手に解釈して、勝手に解釈した「序文」の理解を以って、本文を読むための準矩としてはならない。この「序文」は、形式的には、本文よりも前にある。しかし実質的には、本文の後に来るべきものである。そして、この順序を顛倒することは、本末を誤ることになる。

それ故に、現在の我々にとって、軽々しくこの「序文」を読むことは、むしろ、ヘーゲルの哲学について、その言葉や概念について、誤った先入見を構成するような危険をさえも含んでいる。極端に言うならば、いまここでは、この「序文」を読まない方が、むしろ賢明であるかも知れない。

ところが、ここに、視点を全く逆にする事によって、この「序文」をば、能く本文を理解するための「手引き」に変容する方術があるのである。端的に言えば、この「序文」がいかに理解し難いものであるか、どの点がわからないかを、明示することが、やがて逆に、本文に於いてどの点を留意して読むべきか、ということを示唆することになるからである。前にも言ったように、この「序文」は、ある意味で、現象論の全過程を予想する結論を含んでいる。そこで、いかに不可解な結論が現象論から導き出されているかを知る事は、やがて、現象論がめざす所の奈辺にあるかを想見させることになるからである。

然《さ》らば、このような意図において、我々は、ここに、この「序文」を眺めてみよう。

◯

この「序文」は不思議な序文である。というわけは、ヘーゲルは、一般に、通例の習慣になっているように、その書物の目的とか、結果の告知とか、それを打ち立てるための原理とか、そういう事柄についての序文を書くことは、哲学の書物では不必要であるばかりでなく、また不適当であると考えるのであって、この序文なるものの不適当ないし不必要なる所以を示すことが、実に、ヘーゲル自身のこの「序文」の（全部ではないが）一部分の目的であるからである。

すなわち、その事を次のように語っている。（ここにすでに、我々は、ヘーゲル哲学の最初の表現に逢着する）。

一体、確固たる原理にもとづいて作られた結果（哲学）は真理であると言われる。もとより、その事に異論はないが、しかし、この命題に含まれている原理とか、真理とか、結果とかに就いては、充分によく反省されなければならない。そもそも、哲学の結果というものは、それを構成するに到った思考過程の終局であって、従って、かような過程なしには、「結果」は要するに独断的の断定にすぎない。我々が、逞しい幹と、張り拡がった枝と、繁った葉を具えた柏の木をみようと欲する場合に、もしかような柏の木の代りに、柏の実が示されるとしたら、我々は満足しない。哲学の「原理」についても同様である。礎石が置かれた時に、建物が完成しているわけではない。「原理は完成ではない」。一つの原理が真であるか否かということは、それが真に体系的発展の原理となり得るか否かに依るものであって、ただこれが自分の哲学の原理であると提出されたところで、それが充分に体系的発展を致し得ることが確証されるのでなければ、要するにその原理は独断的である。すでに「真理」ということがそうである。いわゆる井の中の蛙のもつ知識の断定は、未だ充分の真理ではない。真理は、広く一切の立場をも包含する有機的全体として展べられた知識に属している。そして、かような知識のみが「学」の名にふさはしい。だから、まことの真理は、学としての知識の真理でなければならない。従ってここでも、かような有機的全体の体系的展開の過程に於いてのみ、真理が実現されると言うべきである。

このように考えて来ると、真理とか結果とか言っても、それは、完成された形態が重要なのではなくて、むしろ、全体的なものの体系的実現、その実現の過程が重要であると言うべきである。それ故に、この過程を含まない「第一」原理や、「窮極結果」やを、陳列したところで、それらは独断的な立言と選ぶところはない。——これらの事が理解されるならば、哲学の書物に、その書物の本文で展開される議論の結果を含む序文を附加することは、不必要以上に不適当な事柄と言わねばならない。強いてこの種の序文をつけたところで、しょせん独断的たるの謗《そし》りを免かれない。

このような見解を述べた後で、しかしながら、ヘーゲルは、——その見解との撞着に於いて、——甚だ長くかつ難解な「序文」を書いているのである。それは何故であろうか。

ここに、この「序文」のもつ意義、ないし、それを書いたヘーゲルの意図が明らかになる。ヘーゲルは、この「序文」に於いて、学一般の本性を論じて、自分の哲学の立場と、前時代並びに同時代の他の哲学の立場との関係（相違）を明示しようとしたのである。しかも、殊に同時代の哲学に対する批難は、かなり激越な調子を帯びているのであって、この「序文」が、フィヒテや、シェリングに対する絶縁ないし挑戦の宣言であると言われる所以がここにある。ヘーゲルは、ここでは、異信仰を告白する者のすべてを叱責する教皇の如くである。他の哲学はすべて非学的であり、ただ自己の哲学のみが学的であると信じているようである。――だがしかし、ヘーゲルは、自分で、学の真理はその展開の過程に於いてのみ確保されると言った筈である。我々は未だヘーゲル哲学の展開の過程を知らない。それ故に、この叱責ないし宣言が、我々にとってもまた、多分に独断的の響きをもっていることを如何《いかん》ともすることが出来ない。

ヘーゲルは、「学」ないし「知識」の名に於いて、前時代並びに同時代の哲学を攻撃して、かれらを以って「独断論」であり、「形式主義」であると言う。従来の哲学が採った方法、直観的、経験的、数学的、批判的等の方法は、すべて余りに単純幼稚であり、かつ不毛であるとして排撃する。従来の哲学はすべて一面的であり抽象的であると断定する。そして、かれ自らの提唱する知識の方法のみが綜合的具体的であり、かれ自らの知識のみが「学」の名にふさわしいと言う。

かれ自らの哲学は、従来歴史上に現れて相互に相排撃し相矛盾した幾多の思考をば、相互に乖離するものとは見ずに、相互に結合され得るものとして、自己の体系の中に包摂する。蕾は、花が咲き出れば、消え失せる。この意味で、蕾は花によって否定されるとも言うことが出来る。同様に、果実は花を否定して、植物の真理として、果実が花にとって代わる。これら、蕾や花や果実等の諸形態は、互に両立し難いものとして、相互に他者を否定する。けれども、これらの形態は、その流動的推移的性質によって、有機的統一（植物）の契機となって、植物としての一全体者の実現のためには、一は他と同様に必然的である。この必然性によって、はじめて、全体の生命が成立しているのである。学の真理は、この生命に於いて、この生命と同様に、流動的に実現される。知識の諸段階諸形態は、蕾や花と同様に、同時に相互排斥（否定）的でありかつ必然的である。もしも、花なり果実なりが植物の全体として提示されるとすれば、それは誤りである。同様に、真理の一つの形態が有機的体系的全体から切り離されて、孤立に於いてある限り、それは誤りである。しかしながら、花が植物の契機として必然的であると同様に、個別的諸形態も、展開流動の過程を作《な》すものとしては必然的である。

かように、相反対し相矛盾するものを、それ自身の不可分にして必然的なる契機（側面）として内含するという真理（知識）の概念、これがヘーゲルの提唱する所のものである。「自己と反対なもの、矛盾するものの中に、自己を認識すること」、これである。このような、一般常識の下界をはるかに超えた天空の高みが、真に「学」の生い立つ地盤であり、苟《いや》しくも「学」の建設に志す者は、その高みにまで「梯子」を登らなければならない、と言う。――しかしながら、我々は、むしろ、相矛盾するものをば乖離し、相反対するものをば別個のものとみる見方に馴らされている。我々の通常の思考は、ヘーゲルの「梯子」を使用することが出来ない。それは滑り易くて、掴まえ所がない。それ故に、ここに展べられたヘーゲルの「学（知識）」の概念は、現在の我々にとっては、むしろ、一般の独断的立言と同様に、また独断的であると言わざるを得ない。

しかも、その上に、この「序文」に於いては、上述のような思考が、現在の我々には殆んど理解することの出来ない神秘的な言葉でもって綴られている。即自有とか、向自有とか、他在とか、さらに、概念とか、実体とか、否定とか、ヘーゲルの用語法に於いて、一体それらは何を意味するというのか。

かくて、ヘーゲルがここで自説を主張して他を排撃していることも、いまの我々には、未だ充分に首肯させる力をもっていない。その「学」ないし「知識」の概念についての積極的の解明（それを本文に期待する）を聞くまでは、我々にとって、それはむしろ独断であり仮定である。かくて、この「序文」は、本文を読むための準備とはならない。

○

実際に、ヘーゲルは、この「序文」の中に、今の我々にとっては、未だ理解することの出来ない幾つかの「結果」を掲げているのである。それらの中で、最も重要と思われるのは、就中、次の三点である。

（一）真理は全体である。

（二）真理の形態は体系である。

（三）真理は、実体としてではなくて、主観として理解されかつ表現される。

この三点は、殊に重要な精神現象論の結論であり、ヘーゲル哲学の全体を貫く性格であるが、我々にとっては、最も不可解な断定と言わざるを得ない。

まず、真理は全体であると言われる。この断定は、一般的の立言としては、まことに申し分のないものである。いかなる哲学者も、いかようにか「全体」として把捉されたる「真理」をば、その探求の目標としている。だから、真理が部分でなく全体でなければならないと言うことは、むしろ自明の事柄に属している。ところが、ヘーゲルの場合には、この断定は決して自明ではないのである。即ち、ヘーゲルが、「真理とは、いずれの人（項、部分）とても酔わぬことなきバッカスの祭りの人々（全体）の狂乱である」、と言うのを聞くとき、この一般的には自明の事柄が、ここではむしろ逆説的なものと見えて来るのである。

蓋《けだ》し、我々は、最初に、全体は相互に相矛盾し相否定する部分から組成されていること、真理の過程の中には誤謬が必然的契機として含まれていること、等を承認すべく命ぜられている。真理（狂乱）の部分は誤っていること（酔っていること）が必然であると言われる。真理は、誤謬ないし不完全なる段階を前提し、これらの段階は全体の真理の本質的必然的契機であるが、未だ全体の真理ではないと言う。そして、この全体と部分の関係については、（全体が部分よりも優位に立つものとは見えるが）、当面の「序文」は何らの解明をも与えていない。通常の思考にとっては不可解の言葉で展べられた真理概念である。かくて、ここには、この真理観は、むしろ、一つの独断的断定として呈示されていると言うの外はない。

次に、真理の形態は学的体系であること、換言すれば、知識はただ学的体系の形に於いてのみ真であり、体系的学なしには真の知識はないということ、が言われている。この断定も、一般的には、決して不可解のものではない。「学」とか、「体系」とかいう言葉も、決して耳なれぬ言葉ではない。しかしながら、通常、我々は、種々なる方法によって実現された人間の知識の種々なる成果に対して、「学」または「体系」という名前を与えている。種々なる対象や立場に従って、種々なる学の体系が成立すると考えることが常識的である。しかるに、ヘーゲルは、種々なる立場や、種々なる体系を許さない。「学」ないし「体系」に関しては、適確なる概念はただ一つしかない。（それはもとよりヘーゲル自身のそれである）。爾餘《じょ》のものは、或は、ピストルから発射された弾丸のような突発的非過程的なもの、或は、すべての牛を一様に黒く見せる暗夜のような盲目的のものに過ぎない。そして、まことの学的知識とはいわゆる弁証法的に構造されたものでなければならないし、体系とは、矛盾を内含綜合する有機的全体的真理の体系でなければならないと言う。しかしながら、かかるもののみが唯一の学的体系でなければならないと言う理由は、何処にあるか。「序文」は、ヘーゲルのこの強弁について、何らの解明をも確証をも与えはしない。かくて、この断定もまた独断的のものとして聞こえる。

最後に、真理は実体としてではなくて、主観として表現されるという断定は、我々にとって最も理解し難いものである。そもそも、この場合、実体とは何か、主観とは何か。「序文」は、ある程度まで、これらの言葉（概念）を説明している。しかし、その説明のために使用されている言葉（概念）そのものが、また我々にとっては不可解のものである。例えば、実体は、「直接態」、「単純性」、「非現実」、「抽象性」と言われ、これに対して、主観は、「生きているもの」、「現実的」、「具体的」であり、実体は本質的には主観であると説明されるのであるが、我々はこれらの言い方を理解し得ない。ただ我々は、実体とか主観とかいう言葉が、我々の通常の語彙の指示する意味を以って覆われ得ざることを感ずるのみである。ヘーゲルがそれらに就いて充分の解明を与えてくれるまでは、それらの言表は我々にとっては独断的にしかきこえない。我々は、ヘーゲルの断定に盲従すべき理由はない。

かくの如くして、遂に「序文」に開陳された重要なる三つの断定は、いづれも、いまの我々にとっては不可解であり、むしろ独断としてしか響かないという事を、告白しなければならないのである。

○

私は、ここに、「序文」の内容をすなおに紹介することの代りに、ことさらに、消極的の態度のみを以って、「序文」に対する不可解を告白し、その内容の独断についてのみ語った。このことは、二つの意図において為されたのであった。

(一)、「序文」が、内容的には、全く、全現象論の過程の後に来るべきものであることを強調せんがためである。だから、後続現象論本文の理解を前提してのみ、「序文」に対する正当なる理解と批判とが獲らるべきことを言うとともに、逆に、本文(現象論の本体)に関する精確な理解なしに、勝手に「序文」の内容——その字句の末に到るまで——を解釈することが、むしろ危険を含んでいることを警告する。

(二)、「序文」に展べられた「学」の構図は、現象論の「結果」であるとともに、ヘーゲル哲学全体系の土台をなすものであるが故に、殊更らに、この点、就中《なかんずく》上述の三点に向って、注意を喚起しておきたいためである。人あって、ここに展べられた「学」ないし「真理」の構図について、釈然たる氷解をもつものあらば、その人はヘーゲル哲学の本質をマスターしたものと言い得るであろう。

さて、しからば、上述の如くに、「序文」は独断的とみえる断定を以って充たされているように思われるが、それは果してまことに独断であろうか。この点を批判し、この問いに答え得んがためには、則ち、我々は現象論の本体そのものに歩み入らなければならない。

緒　論

ヘーゲルは、後年しばしば、この精神現象論を「発見の旅行」と呼んでいるが、いまや、この発見旅行の門出のために、ひと通りの旅装を準備しなければならない。この準備に応ずるものが、即ち、「緒論」であって、それは、現象論への序説であり、主として、現象論の対象と方法とについて、一般的の考察を与えるものである。

ここに注意して置きたいことは、ヘーゲルの思考は恒に具体的であること、即ち何らかの対象に即しての思考であることが、要求されていることである。かれは、思考が、内容を離れて、単に形式的抽象的になることを極力排斥するものである。精神現象論は、つねに、意識とか、人倫とか、道徳とか、宗教とかいう具体的対象に就いて論ずるものであって、ある種の認識論者が考えるような「対象一般」という如きものについて抽象的に思考することは、かれの仕事ではない。それ故に、この「緒論」が、発見旅行の「対象」を一般的に取扱うということは、あくまで、準備的旅装以上の意味をもたない。旅行は未だ開始されてはいないのである。

この同じことが、「方法」についてもあてはまる。しばしば、ヘーゲル哲学の方法は弁証法であると言われている。そのことは正しい。しかしながら、もしも、ヘーゲルがあらかじめ弁証法という方法を形式的に規定して置いて、これを個々の対象思考に適用するという風に考えるならば、それは由々しき誤解である。ヘーゲルは、恐らく、その全著述の何処を探しても、方法としての弁証法なるものを、具体的思考から切り離して、一般的抽象的に論究したためしはない。かれはただ対象に即して考えるにすぎない。かれが対象に即して、対象の真理を具体的に把捉するに適するように、自由に考えながら進んで行った過程が、言わば後から顧りみて、弁証法と呼ばるべき連鎖をなしていることが見出されるのにすぎない。極言すれば、理性的思考がいわゆる正反合の形態を具えているということは、抽象的形式的には基礎づけることの出来ない事柄である。そして、いわゆる弁証法的契機（例えば綜合）の具体性ということも、結局、対象を内含する理性内容の具体性に依存するものに外ならない。それ故に、ヘーゲルの哲学を理解するために、その内容から切り離されたいわゆる弁証法だけを取り出して、これを解釈したり論究したりすることは、むしろ不必要である。ヘーゲルの哲学を理解することの困難は、弁証法を理解することの困難にあるのではない。抽象的に弁証法を理解することはむしろ容易である。困難なのは、ヘーゲルと共に（具体的弁証法的に）考えて行くことである。だから、いま「緒論」に於いて、発見旅行の方法を考察すると言っても、これまたあくまで準備的以上の意味をもたないことを忘れてはならない。

○

まず、精神現象論という研究の取り扱う対象は、知識（認識）である。ところで、知識と言えば、通常、（一）我々が依って以って実在を把捉しわが物とするための道具、能動的に実在を把捉する手、もしくは、（二）そこに実在が反映する所の媒体、受動的に実在を映す鏡、として理解されている。しかしながら、そのいずれの場合にも、かかる見解の根抵には、存在（実在）と知識（知ること）との二元観が基礎的の前提となっている。知識は何らか実在の知識であり、実在は知識の客体として知識の外に対立する。即ち、一方の側には実在が立ち、これと截然区別されて、他方の側に知識が立っている。そこで、（一）もしも知識が道具であるとすると、直ちに思い浮べられることは、道具を或る物に適用すれば、その事物はもはやもとのままではなくて、道具によって形成され加工され変容されるということである。もしも知識がその客体の形成において能動的加工的部分をなすものとみるならば、かくして獲られたる生産物は知識によって加工された客体であつて、実在それ自身に内在する固有の本質はむしろ認識の彼岸に取り残されてしまう。（二）またもしも、知識は、実在の光り（真理）がそれを通して我々に達する所の受動的の媒体であるとしても、我々の獲る所のものは、実在の直接な真理自体ではなくて、この媒体を通してその真理、この媒体によって色づけられ（また歪められ）た真理である。或は、知識が、絶対受動的で、ただ実在のための透き通った通過物であるにすぎないならば、かかる知識は安閑として役なき無用の贅物《ぜいぶつ》である。――かくて、知識に対して、実在に加工しこれを修正する能動的の働らきを承認することも、また、知識から一切の働らきを剥奪して、これを全く受動的にみることも、いずれも、真理の探求をば、不安定な当てにならないものとする。

しからば、そもそも知識というものは、どうしても、このようなディレンマに陥ち入らねばならないのか、と問われるならば、我々は、何故に、道具なりまたは媒体なりとして固定している知識を以って始めなければならないのか、と反問する。上述の知識論は、いづれも、あらかじめ知識の本性についての臆見を立てているのである。知識が道具であるという見解も、それが媒体であるという見解も、ともに、未だ確証せられざる断定である。我々はそのいづれにも左袒《さたん》すべき責任はない。むしろ、我々は、何らの独断的臆見をも前提することなしに、知識の本性を洞見すべく虚心坦懐にならなければならない。

ここに於いて、ヘーゲルは、我々が知識の本性に関して所有する一切の先入見を棄て去って、「知識」をただ「現象」としてみることを、我々に命ずるのである。蓋し、知識は現象として成起する。それは既に自然的素朴的意識における出来事である。知識が自然的意識に現れてあること、知識の現象は、経験的の事実である。それ故に、最も虚心坦懐なる者は、この現象としての知識を以って始めなければならない。もっとも、この知識の現象成起は、どんな仕方で、どんな条件のもとに、どんな形で行われるか、というような知識現象の性格や条件に就いては、ただ精細なる観察研究のみがこれを規定し得るのであって、従って、かかる研究に先き立っては、知識の本性について何事も言われ得ないのである。たとえ、何事かが言われ得るように見えるとしても、それは独断的で、何らの価値をももってはいないと言わなければならない。

これが結局、当面の「緒論」に於いてヘーゲルの取っている立場である。（知識の本性に関する）発見旅行に於いて何事が発見されるかは、旅行を実行してみなければ解らない。何らかの具体的知識を構成するに先き立って、抽象的に知識一般についての任務や構造を限定するが如き試みは、あたかも畳の上で水練をするようなものである。知識しながら知識の本質を闡明《せんめい》することこそ、知識についての誤りない見解を構成する唯一の路である。

かくて、精神現象論が吟味すべき対象は、まず、自然的意識に現象するがままの知識である。ところで、ヘーゲルによれば、この「自然的」「現象的」知識は、「非学的」であり、「非真実」であると言われる。即ち、「現象的知識」は未だ「学的知識」ではない。――自然的意識に於ける事実としての知識は、正当に「現象」と呼ばれているが、この現象という言葉には、三つの意味が含まれている。即ち、それは（一）現れてあるもの（現象）、従って、一方では（二）明白なもの（自明）であるが、同時にまた（三）ただ外見上真らしくみえるもの（仮現）に外ならない。自然的知識（例えば感覚）は、常にあたかも自明のものとして現れている所の現象である。しかしながら、かかる現象である限り、それは直ちに実在の真実を表してはいない。（その事をば現象論が精細に示すであろう）。かくて、現象的知識は、やがて、自分が仮現にすぎない事を自覚しなければならない。そして、この自覚に駆られて、現象的知識は遂に「学」としての知識に進められるであろう。

　知識の、自然的知識から学的知識への進行の過程、これが即ち『現象論』の主題である。それはまず知識の最初の現象から出発する。そして、それがもっている確実性の要求ないし自負の土台を掘り下げて、これを覆えすことによって、そのものの偽物であることを暴露する。乃《すなわ》ち、この掘り下げる過程が、やがて第二の現象に導く、ここで、最初の現象は、確実性の名誉を第二の現象に譲らなければならない。しかし、いまや第二の現象の確実性が吟味されなければならない。この過程は、順次に類似の経過をへて、遂に、知識がもはやそれ自身を超出すべく要求されない所まで進行するであろう。この境地に於ける知識は、それに前行する総ての現象的知識形態の綜合を代表するもので、それは現象たることをやめて、「真実」なる「学的知識」となるのである。学的知識は、現象的知識に纏綿《てんめん》する一切の「不完全性」を離脱して、言わば「絶対的知識」である。ここに到って、はじめて、哲学は単なる「愛知」たる以上に、真に「学」となることが出来るのである。そして、これが、『精神現象論』の樹立すべく企図した極地であり、ここに到る知識展開の過程が、現象論の内容を構成するのである。

○

しからば、その「非学的」「現象的」なる意識に現れてあるがままの知識が、自己の「非真実性」を表白するに到る道程は何であるか。――これが方法の問題である。蓋し、Methode（方法）とは、Meta-hodos 即ち道に従って行くこと（道程）の謂いに他ならない。この道程を闡明する方法は頗《すこぶ》る簡単である。即ち、現象的知識をば「現象」として記述すること、かくして現象的知識の「現象性」を洞察すること、ただそれだけである。（いわゆる弁証法とはこの事に他ならない）。ヘーゲルの言葉を以って言えば、「現象的知識の非真実性への意識的洞見」である。そして、この洞見（記述）は次のように行われる。――自然的意識（例えば感覚）は、直接には、自分が真実の知識であると信じている（自明）。

がしかし、そう信じている事（意識の確実性）には、未だ何らの根拠もない。だから、或は真実でないかも知れないと「疑って」みる。この簡明なる懐疑的手続こそ、「現象的知識に内属する非真実性の意識的洞見」へと導くものである。

ここに注意されなければならない事には、このいわゆる懐疑的態度は、通常いわゆる「懐疑論」とは異っている。いわゆる懐疑論は、絶対的の懐疑、端的に、否定を終局とするものであって、もはや抜け道のない袋町である。そこに立ち留まって、ただ懐疑し否定しているだけである。しかし、かような懐疑論の立場は、要するに、現象論の過程の中で把握され征服せらるべき現象的知識の一つの段階的形態にすぎない。いまここでヘーゲルが挙げた懐疑的手続は、行き止りの袋町ではなくて、道具である。立場ではなくて、方法である。一つの思想がそこに立ち停まっている終局の状態ではなくて、現象的知識が自己の確実性を展開せんがために通り貫けて行く道程である。それは、現象的意識に於ける一定の要素から、いかに無に値いする結果が現れるかを見る所の限定された（内容的）否定である。だから、一般に無を抽象することを以って能事了《のうじおわ》れりとし、従って、一切の真理（肯定）に対して敵対する所の無限定的（無内容的）の懐疑（否定）と混同されてはならない。ヘーゲルの懐疑はそれ自身の破壊を目的としているとか、また、ヘーゲルの否定は否定自身の破壊（肯定）を目指しているとか、言われる所以である。

もとより、この懐疑的態度は、自己の真実性を確信している自然的現象的意識の中に、この確信の動揺を、むしろ絶望を、惹き起こすものである故に、その限り否定的である。そこには、自己の真実性の喪失、むしろ自分自身の喪失（否定）があるようにみえる。しかし、ヘーゲルは言う、それは、「真ならぬ意識の真ならぬことを叙述することであって、決して単なる否定の運動ではない」。「いかにも、自然的意識にとっては脅威ではあるが、しかし学的意識の酵母である」。何故ならば、それは、最初に無反省的に自明として立てられた現象的意識をば、仮現として宣告することであり、かかる仮現を否定することは、結局、仮現ならぬもの即ち真実を肯定することだからである。

だから、この懐疑的方法は、破壊（否定）と建設（肯定）との両側面をもっている。第一の現象的意識に於ける知識を破壊することによって、第二の知識を建設するが、これを建設する同じ職工が、また乃《すなわ》ちこれを破壊して、やがて第三の知識を建設する。この場合、重要なことは、この否定（破壊）がもつ保存再生の意義である。ヘーゲルに従えば、一つの現象的知識の仮現を殺すことは、即ち、そのものの真実を活かす所以である。知識の一つの形態を否定的に破壊することは、必然的に新しい形態への移行を惹き起こすのであるが、この新しい形態は、その中に、古い形態を再生し保存している。蓋し、知識は様々の形態に於いて現象しようとも、しょせんは同じ知識である。一般に知識は、要するに、現象的知識以外の他のものではない。ただ仮現から清められて、真実が顕正されるのにすぎない。この意味に於いて、一つの形態から他の形態への移行は、変化ではなくて、発展である。

かくて、現象的知識の継起的に生起する諸形態は、この一つにして同一なる道程（方法）によって連結されている。全体の連鎖は、この道程（方法）によって規定されている。それは、諸々の形態を、この方法が、外側から、外来的に、結びつけたのではなくて、むしろ諸形態が、この道程に於いて連鎖的に現象するのである。我々はただ一つの現象的知識を対象として、その真実性を顕正すべく、反省的に思考する。しかる時は、上述のような否定即ち肯定の過程に於いて、知識の発展的諸段階が現れるであろう。そして、これらの諸段階は、一様に必然的の連鎖で結ばれていることを見出す。この道程を、ヘーゲルは、（ないしヘーゲル学徒は）、弁証法的道程と呼ぶのである。

○

だがしかし、ヘーゲルのいわゆる懐疑的弁証法的方法の最も注目すべき（むしろ驚異すべき）点は、次のような問題にあらわれる。

一体、この方法（道程）は、すでに明らかであるように、現象的知識のもつ自明的（と自負する）確実性の要求を吟味して、それが果して真実であるか否かを検査する事を以って、最も根本的な任務としている。しからば、この吟味のためには、いかなる準矩があるか。弁証法は一つの現象的知識が遂に仮現であることを暴露しなければならないが、そのための標準は何処にあるか。何を準矩として、一つの知識の自負する確実性の要求を拒斥（ないし承認）するか。端的に、一つの現象的知識の真理性判定のための標準は何か。――もとより、このような準矩をあらかじめ天下り式に設定すべき権能は、我々には与えられていない。いま強いてかかる準矩を作るとするならば、それはついに独断的たるに終るであろう。さればと言って、この場合に何らの準矩も無いとするならば、いわゆる知識の吟味は、標準のないものとなり、結局、むだの骨折りとなってしまう。現象的知識の確実性ないし真理性の吟味が有効に行われて、学的知識への弁証法的発展が実現されるためには、何らかこれを導くための準矩が要求されなければならない。しからば、この場合、独断的に設定されるのではなしに、いかにして、何処に、かかる準短が存し得るか。

この困難は、抽象的形式的な認識論の立場からは克服することの出来ないものである。そして、この問題に関して十全なる解明を得るがためには、ヘーゲル哲学の全体系の上に視野を拡張して、いわゆる弁証法的運動の形而上学的動機を闡明しなければならないのであるが、しかしながら、いまここでは、我々は直ちにそうした広い眺望をもつことは出来ない。我々はただ、初歩者として、『精神現象論』の数頁を読んで、ようやくその「緒論」を追求している者にすぎない。従って、当面の問題に関する理解も、いまの我々に相応しいた種類のもの以上に進出することは出来ない。（ここに解説者としての私にとっての困難があり、その解説が不徹底であるという誇りを甘受しなければならない理由がある）。では、ここで、ヘーゲルは、この問題をいかに処理して行くか。

一言にして言えば、ヘーゲルは、ここでもまた、具体的に思考しながら、思考の発展的道程を導くのである。即ち、かれは、あらかじめ設定された準矩への関係において知識の真理要求を吟味すること——この処置はこの場合独断的である——の代りに、現象的知識そのものの裡に内在する標準を取り上げて来るのである。問題の準矩は、実に、吟味せらるべき知識自身の中に索められるのである。次のように言ってもいいかも知れない。いわゆる弁証法的方法は、本質的に、内から穿つ所の方法である。そして、それが内から穿つ所のものは、現象としての知識の複合体であり、それの契機の尠くとも一つが、それ自身の妥当性の準矩である。だから、ヘーゲルにとっては、抽象的無限定的な準矩論は無用のものである。かれは、あくまで、具体的限定的な現象的知識の内部に留まっている。そして、この現象的知識をば、現象的知識自身が保有するもの以外の何物をも使用することなしに、ただそれに内在する準矩のみに従って、吟味するのである。

この事を可能ならしめる根柢は、自然的現象的意識の構造本質に対する洞察である。ヘーゲルに従えば、自然的意識は客体と概念との分裂を挙示せざるを得ない。この意識に於ける知識は、それ自身、二つの要素の関係を内含するものとして現れる。一つは把捉されたもの、即ち客体。他はそのものを把捉する観念（これをヘーゲルは概念と呼ぶ）。この客体と概念との分別は、自然的意識に於ける現象としての知識の構造にとって、固有の分別である。例えば、任意の知覚的知識や、悟性的知識をとってみるがいい。それは常に「何物かの知識」として、この両つの要素の交錯として現れ、この分別なしには、知識は成起せず、また継続もしない。もとより、この両つの要素の中で、いずれがより根源的であるかとか、そこに形而上学的二元論が前提されているかどうかとか、そのような問題はいま我々の感知する所ではない。我々には、ただ、具体的なる現象的知識が与えられているのみである。そして、我々の自然的意識にとっては、この分別は破却し難いものであり、むしろ、このような構造上の事実の上でのみ、自然的意識は具体的な知識をもっているのである。

しかるに、このような自然的意識に於いて知識が現れるとき、その知識は、それ自身、真であることを要求する。それ自身、自明的に確実であることを確信している。即ち、いわゆる、現象的知識の確実性（真理性、妥当性）の要求（確信）である。私がいま眼の前に花を知覚しているとき、この知覚が真であることを、私はすこしも疑わない。——しからば、この真であるという要求（確信）は、そもそも、何処に基づいているか。この問いは、実に、現象的知識の確実性の要求の根源に関するものであり、従って、ここにこそ、上来我々の索めて来た準矩、（その要求の適否を判定する場合の準矩）、が秘められている筈である。

さて、ヘーゲルに従えば、——（厳密に言えば、絶対的精神並びに哲学的世界形象の本質に関係する事柄であるが、ここでは未だそうした方面からの解答を与えることが出来ない）。——それは、さきに述べた二つの契機の「一致」という確信にもとづいている。一つの現象的知識に於ける構成契機としての客体と概念の一致（適合、合致）の確信、これが即ち、その知識のもつ真理性要求（確実性）の基礎である。そして、同時にここに、自然的意識自身が、自己の知識の妥当性（確実性）を吟味するために訴える所の準矩がある。もとより、知識の客体とそれの概念との間の一致ということは、外から知識の上に移入された事柄ではない。現象的知識そのものの中に内在する準矩である。何となれば、知識が「真」であることの要求は、要するに、概念と客体とが一致していることの要求以外の何物でもないからである。

そこで、次のような事態が理解される。もしも、一つの現象的知識に於いて、概念と客体との一致に破綻が生ずるならば、——即ち、客体が他の概念を要求するとか、または概念が他の客体を指表するとか、いう事が示され得たとしたら、その知識の自負していた真理性の要求（確実性）は崩壊する。そして、新たにこの一致を保証し得るような新しい知識形態が現れることになる。そこでは、すでに、客体と概念とが改訂された形において関係づけられるのであるから、これは、知識の内容及び形式に関する構造形態の変更を意味している。だがしかし、この変更が、単なる変化ではなくて、連鎖的段階的の発展であることは、すでに、前に理解した通りである。

　このような進行こそ、実に、いわゆる弁証法的運動の目指すところである。それは、自然的現象的意識の中に、それ自身の「一致」の準矩に則って、知識形態の連鎖的変更を惹き起こす。だから、ヘーゲルのいわゆる懐疑的弁証法的方法（道程）の仕事は、簡単に言えば、まず以って、現象的知識の二つの契機を相互から引き離すことである。即ち、その知識が自明的なるものとして確信（要求）していた所のいわゆる「一致」は、実際には、外見上だけの仮現であり、迷妄である事を明示することによって、この「一致」を破壊し、従って、この知識を否定するのである。しかも、かかる破壊（否定）が、やがて、改新せられたる「一致」（従って知識）の建設である所以は、我々の前《さ》きにすでに理解している所である。

以上の事柄が了解されたならば、我々は、おのずから、次の点を銘記すべきである。上述のいわゆる「一致」は、全くただ具体的内容的の知識（思考）に即してのみ云為せられ得る事柄であり、従って、弁証法的思考とは常に具体的なる思考でなければならない。この意味に於いて、例えば、抽象的に弁証法の契機（正反合）を論じたりすることは、むしろつまらない事柄である。尠くとも、抽象的概念的に「弁証法とは何ぞや」と問うことは、ヘーゲル哲学の理解に対して、決して第一義的の質問ではない。——ヘーゲル哲学に対する主なる誤解の一つが、この点を中心として転回している。「世間には、弁証法は、空虚の概念を以ってする一種の試験であるという考え方が流行している。我々は一つの抽象的の観念をしかもっていないが、この孤立した原子は、それ自身だけの実体からの発芽によって、もしくは、奇怪なる空虚の中から材料を取り出すことによって、雑多なるものへと発展する、という風に考えられている。しかしながら、このようなことは単なるカリカチューアにすぎない。」［これは、ブラッドレーの『論理学原理』（Bradley : The Principles of Logic.）からの言葉である。因みに、この著者は、続けて次のように言っている。「このような考え方は、精神が自分の前に顕在的に獲得したものと、自らの裡に有する所のものと、両者を混淆することに帰因する。精神の前には、そこにはただ単一なる概念がある。しかし、顕在的に自らを開示せざる全体精神は、この過程に関与し、与件に作用し、成果を産出する。精神が断片的なものとして所有する所の実在と、精神の裡に感ぜられる真の実在と、両者の間の反対は、弁証法的の過程を惹起すべき不安の動因である」。」

さて、現象的知識に関するいわゆる弁証法的吟味とは、要するに、その知識に於ける客体と概念との「一致」の要求（確信）を吟味することであると言った。しからば、ここで更らに次の疑問が生ずるかも知れない。では、その「一致」か、「不一致」かを判定するためにはどうするか、と。しかしながら、この質問は無用である。何故ならば、その一致か否かは、吟味せらるべき知識自身が告白するであろうから。――この答弁は甚だ物足りないかも知れない。しかしながら、この答弁こそ、（すくなくとも、現在この「緒論」の中を模索しつつある我々に対する解答としては）、最もヘーゲル的である。蓋し、ここには、ヘーゲルのいわゆる具体的思考の特色が表れているからである。既に言ったように、ヘーゲルに於いては、抽象的に弁証法的方法が考究されて、それが出来上った上で、具体的思考に適用されるのではない。それは畳の上の水練である。むしろ逆に、具体的に現象的知識について思考することのみが、知識体系の弁証法的構成を与えるであろう。そして、これを基礎づけることが、即ち、『精神現象論』全体の任務である。

これまでは、現象的知識から学的知識への進行の原理に就いて（知識そのものに即して）述べて来たが、ここでいま一度、我々は、実際に現象論的論究を実行する者として、その進行実現の方法（態度）について考えて置く必要がある。我々は、もとより、知識そのものではなくて、知識しながら知識を考察する研究者だからである。このことは、ヘーゲルと共に、現象論の諸段階を遍歴するために有効ないし重要であるが、与えられている「緒論」の記述は、これを、充分に明快にではなく、しかも現在の我々には容易に理解し難いような言葉で、説明しているのである。それ故に、ここでは、これを、出来るだけ我々の通常の言葉に翻訳して、くだけた叙述の仕方を選ばなければなるまい。

一体、一つの現象的知識を正しく吟味するためには、一切の先入見を捨て去って、その知識に固有なるものを検査しなければならない。この態度は、消極的に言えば、「不偏不党」であるが、積極的に言えば、（一）一方では、それの内幕に入って、内側からこの知識の要求を把捉すると共に、（二）他方では、それに囚われずに外側から、大局から、その知識の態度や、条件や、結論などを検査することである。弁証法的に物をみる態度というものは、かように二重の構造をもっている。一つの思想は、これを主張する人の身になってみなければ、（即ち全然外側からのみみていては）、この主張をなすに到った内的動機とか、これを裏づけている具体的個性的真実とかを逸してしまう。さればと言って、全くそれに囚われてしまっては、（即ち全然内側のみからみていては）、いわゆる一人よがりの井中の蛙で、それがもっと広い普遍的思想連関の中でどんな位置を占めるかと云うことを見落してしまう。それ故に、一方では内側からの自己評価が必要であると共に、他方では外側からの大局的観察が必要である。弁証法的吟味ということはこの自己評価と観察と、両つの態度の諧調的な交替から成立する。――この事は頗る常識的である。そして実際に、ヘーゲルの哲学の態度もまたこれに他ならない。ただ、上述の事柄は、抽象的には誰にでも解っているのだが、実際に具体的に物を考えて行くに当たっては、多くの人々は、我執や妄念に囚われていて、この真に不偏不党の態度を持することの精神的勇気と決意とを欠いているのである。ここに、弁証法的に物を考えて行く事の困難が生ずるのである。

だから、弁証法的態度は、二人の人が互に胸襟を開いて「話し合って」、我執を棄てて、第三のより高い立場に立ち直ることに比せられる。我々が、我々の前に提出された議論に傾聴する時には、その議論の妥当性について批判する前に、まず、その立場を了解し、その条件を採用し、その立言を再現して、一応、それを我々自身のものとしなければならない。そして、しかる後に、これをより広い連関から吟味して、もしそれの不整合を見出すならば、乃《すなわ》ちそれの妥当性を否定する。いかなる思想も、我々がまずそれとひと度は同心一体となるに非ざれば、正当に評価することも、誤れりとして否定する事も許されない筈である。要するに、我々は、吟味せらるべき思想をば、まず我々自身に於いて再構成して、その思想のもつ妥当性を、色々な条件の下で検査して行くのである。

それ故に、ヘーゲル解釈者の間で、このような手続を、知識の「実験」と呼ぶ場合がある。この意味で、現象論の仕事は、知識という現象についての実験的吟味である。そして、この実験は、独断的に前提された「第一原理」から導かれるのではなくて、経験に於いて提示された反省的実験の連続過程として進められる。知識の一つの形態の修正ないし改訂は、それ自身の立場に於いて、それを再構成することの過程の中で為される「発見」によって導かれる。そして、その発見の内容は、一つ一つの知識形態に即して具体的個別的であって、これをあらかじめ抽象的一般的に規定することは出来ない。だから、弁証法は、むしろ、段階的に、内容に即して変容すると言うべきである。そして、このような「発見の旅行」が、即ち現象論の進行である。

さて、我々は、いまや、ヘーゲルと共に、現象的知識を吟味する実験者である。この場合、実験者の仕事は（前に言ったように）二重である。（一）吟味せらるべき現象を再構成する。そして、（二）かようにして再構成された現象を観察する。換言すれば、（一）この現象はいかに構成されるか、そして、（二）我々はそこに何を弁別するか、という二重の関心を提げて、実験的発見旅行の効果を顕揚しなければならない。——ところで、ヘーゲルの哲学、殊にその現象論は、時として「精神の演劇」に擬せられる。ここでもまた、そのむしろ狡猾なる手法を真似て、いささか、上述の点を解説しておこう。

先ず、現象の再構成ということは、俳優が「役に扮すること」（扮戯）に擬せられる。扮戯とは、俳優が自己ならぬ別人の面の後ろに、自分の本当の顔をかくして、暫らくその他人になることである。端的に、別人の内部に入り込むことである。恐らく、実際の自分と役の性格との間の相違を克服して、かれ自身の好悪や先入見を捨てて、他者の内的生活と一心同体になる時に、即ち、「自己」が全く「役」になり切るときに、かれの扮戯はすばらしい。かくて、かれ「自身」と「役」との間の「一致」の仮象の中に、いわゆる扮戯の本質がある。これは、現象的知識が、客体と概念の一致を準矩として、自己の自明的確実性（真理性）を自負する立場に応ずるものである。それ故に、この「役」の演出、即ち、「自分」と「役」との一致の仮象を演出することが、まず、ヘーゲルのいわゆる実験的処置の本質的一面である。実験者は、吟味せんとする知識現象を、まず、この意味に於いて演出しなければならない。かれ自身の好悪や先入見の侵入をさけて、その知識の本質的内面的性格を扮戯しなければならない。――もとより、その「一致」は、あくまで仮象であって、「真実」ではないのであるが、演劇の継続するかぎり、その仮象は、あたかも、真実性を要求しているのである。そして、芝居が終って、俳優が面をぬいで、かれの扮戯に対する喝采を受ける時に到って、はじめて、その仮象は解消されるのである。

現象論の全体の議論を通じて、ヘーゲルは、物が「我々に対して」(für uns) あることと、それが「自己にとって」(für sich) あることとの間に、重要な区別を立てている。演劇には、俳優のほかに観客がいる。「我々にとって」の我々は、この場合、外側からの観客である。演劇に於いて、「役」は「自己にとって」真実であるように演出されなければならないが、しかし、観客たる「我々にとって」ある所のものは、直ちに以って、そのものの内面的本性の標準ではない。だから、我々はまず、その演劇の批評を下すまえに、それが「自己にとって」何であるかを見定めなければならない。我々観客の判断が適切なるためには、前行条件として、その我々の立場と演劇そのものの立場との一致が要求される。——例えば、我々が「経験主義」という一つの知識形態を吟味するとせよ。単なる外側からの観客のもつ「経験主義」の観念は、真にそのものの適切なる概念ではない。「経験主義」の唯一の適切なる概念は、まず、経験主義者自身のそれである。だから、事物を経験主義者の見るが如くに見るためには、我々は、かれらの眼を通して見なければならない。我々自身を(想像力に訴えて) 経験主義者の心持の中に置かないことには、我々は、経験主義を、それがそれ自身に現象するままに理解するわけには行かない。このことが、経験主義をば、それが「自己にとって」あるように再構成することの意味である。そして、ヘーゲルが、現象論に於いて経験主義を論ずる場合には、まず、これを扮戯することを、即ち、それを「自己にとって」あるように記述することを、要求する所以である。——ここに経験主義を例にとって述べた事柄は、その他のいずれの現象的知識の形態にもあてはまる。現象的知識の各々の形態は、それぞれに独自的な個性的な知識の仕方であり、従って、その一つ一つについて、それが「自己にとって」あるように扮戯されなければならないのである。（もっとも、ヘーゲルの現象論の追究に於いて、到る処に、実際にこの要求が充たされているか否か、それは現象論を精読した上で与えらるべきヘーゲル批評の仕事である。私は、この事に関連して、特にエンチクロペディーの所論に対しては、幾多の疑いをもつものである）。

要するに、一つの現象的知識をば、上述の意味に於いて扮戯的に再構成すること、それが、その現象をして自己の内的構造を露骨に告白せしむる所以であり、やがて、それの内面的崩壊を露出せしめる前提である。精確に扮戯してみてこそ、はじめて、その現象が内的に不整合であることの洞察にも導かれるであろう。だがしかし、その内的不整合が露呈するのは、現象自身に対してではなくて、観客たる我々に対してである。

では、そこに、観客は何を見るというのか。ヘーゲルに従えば、そこに観客の見るものは一個の「喜劇」である。何故ならば、観客は、舞台上の所作が、不整合（不合理）なるものを整合的（合理的）らしく結び付けて、得々となっている喜劇にすぎない所以を、洞察するからである。観客は、そこに、仮現を仮現と心付かずに、まじめに仮現に奉仕していることの可笑しさを見る。――だがしかし、これを可笑しさと感じ、喜劇とみることは、既に、そこに行われているものが「真実」でなくて「仮現」であることの洞察を含むものであり、従って、既に、仮現ならぬ真実を顕正する方途が開示されていることを語っている。

だから、知識の実験者としての我々（観客）に課せられた仕事は、その喜劇が内含する矛盾、不整合を摘出することである。しかも、既に言ったように、このためには、何ら外来的の吟味標準を使用してはならない。その標準は、吟味せらるべき知識それ自身が告白するであろう。即ち、その標準は客体と概念との「一致」という事であるから、観察者としての我々の仕事は、この「一致」がいかに破綻を来しているかを示せばいいのである。

俳優（厳密にはその扮戯）は真面目である。しかし、観客にはそれが滑稽である。観客には明らかに不合理と解っている状態の中で、俳優は得々としてその合理性を主張している。そこに喜劇の滑稽が宿る。俳優は、自分が正しく、真実であることを信じ切っている。もっと広い普遍的連関の世界があることを知らずに、井中の蛙として、狭い特殊性の中で、熱心にその偶像に奉仕している。従って、その視野も、関心も、確信も、理想も、すべてが特殊的で、固定的で、一面的である。この特殊性の中に浸っている者が、臆面もなく、自己の偶像を露呈する所に、我々にとっての喜劇が生れる。この意味で、喜劇はむしろ、特殊性に沈湎する者の偶像破壊の作業である。そして、この偶像破壊は、絶望と自殺への道程ではなくて、むしろ、欺瞞と迷妄からの解脱である。

かくて、弁証法的処置とは、このような偶像破壊を導くことに他ならない。ある現象的知識の真理要求の不適合性が、我々には見通されている場合にも、かれ自身にはそれが意識されていない。このような知識現象を、喜劇として実演することが、我々として為すべき弁証法的処置である。そして、この場合、その真理要求の論理的不整合が（それの忠実なる喜劇演出によって明示される時には、その知識自身の論理的浄化と改訂とが結果する、ということはヘーゲルの確信である。一つの立場が、論理的の自己矛盾を承認することは、やがて、自己の立場の放棄と、引いては、新たなるより高い立場の建設に、導かれると考える事は、言わば合理主義の要求であるが、この要求ないし確信が、現象論の全過程を支配しているのである。かくて、そこでは、いわゆる喜劇を通して、真理への進行が必然的であると考えられている。（この点に関しては、ヘーゲル哲学に対して、根本的の批判が試みられなければならない。しかしながら、それはいま我々の任務ではない）。

さて、我々は、「扮戯」的再構成と「喜劇」観察とに就いて語ったのであるが、この二つは弁証法的処置の二つの側面である。しかも、分離的に対立する二つの側面ではなくて、有機的連関に於いて協和的な二つの側面である。そして、観察の正鵠を期するためには、もとより、扮戯が忠実に為されなければならない。さればと言って、観察の方向があらかじめ予想されていて、それに応じて扮戯の仕方が規定されるようなことがあってはならない。それは、順逆を誤ることであり、根本に於いて独断に陥ちいることである。――実際に、ヘーゲルの現象論の議論の進め方において、かような欠陥はないであろうか。再構成と観察とが、一種の循環論法的の仕方で関係ずけられていないかどうか。こうした所に、ヘーゲル哲学に対する批判の刃を揮うべき余地があるように思われる。――それはとにかくとして、この両つの側面は、弁証法的態度の不可欠の契機である。だがしかし、未だ、扮戯する意識と観察する意識との関係、(俳優と観客との関係)、が明らかになってはいない。この点に関連して、次の事柄を補説しておこう。

扮戯的再構成と喜劇観察との交替における弁証法的運動を、ヘーゲルは「経験」と呼んでいるが、即ち、弁証法的経験について語っているが、それはいかなる意識の経験であろうか。どんな経験が弁証法的であろうか。このことを理解すれば、現象論が「意識の経験の学」と言われる所以を了解するであろう。

ヘーゲルは、弁証法的意識の特質を、次の点に認めている。即ち、弁証法的意識に対する対象は二つから成る。一つは「自己に於いて」のものであり、他は、この「自己に於いて」のものの意識に対しての存在である。換言すれば、前者は、それ自身の本性に於ける実在であり、後者は、意識がそれに就いて作る所の概念に相応する本性をもつもの、簡単に言えば、「概念されたもの」、「概念となった実在」である。そこで、この二つの本性、即ち実在と概念との間の関係が「一致」であるという要求（確信）が、即ち、意識の真理性の要求（確信）である。ところで、この意識の要求に従って、この要求を掲げる所の意識を再構成することによって、その意識のもつ現象的知識を吟味することが弁証法的である。それ故に、（一）この（弁証法的）意識は、（二）あの、自己の真理要求を直接に措定する所の（現象的知識の）意識ではない。蓋し、第二の意識は、それの二つの対象の本性の間の不一致については気が付かずに、喜劇をまじめに演じている意識である。それは、特殊的盲目的の断定を固執し、いわゆる偶像に奉仕する所の意識である。これに対して、第一の意識は、第二の意識の特殊的断定を吟味する過程に於いて弁証法的になる所の意識である。両者は、ひとまず分けて考えられなければならない。

簡単に言えば、吟味する意識は、吟味される意識から区別されねばならない。後者は、前者の眼に、喜劇的存在として映ずることを気が付かない。そこで、前者は、後者に、後者のやっている事が喜劇であることを注意する。即ち、前者は、前に述べた懐疑を以って、否定（破壊）に導く所の力をもっているものである。そして、この第二の意識は、それだけ単独に切り離して見られる時には、これを直ちに弁証法的と呼ぶことは出来ない。しかもそれは、弁証法的進行のためには不可欠の契機であり、それなしには、弁証法的運動は存立しない。それは何故であるか。この両者の、このような内的関係は、いかに説明されるか。

ヘーゲルは、ここで、絶対的精神が自然的（現象的）意識のすべての形態に現れているのであるという理説、従って、これらの意識形態の弁証法的展開が即ち絶対的精神の経験であるという理説を、提唱するのである。吟味される意識も、吟味する意識も、等しく意識であり、すべては、絶対的精神の弁証法的経験における現象に他ならない、と言うのである。そして、この事の確証の任に応ずるものが、即ち、『精神現象論』ないし「意識の経験の学」の仕事であると考えられる。

しかしながら、このような理説は、（現象論を読み終った後でならばとにかく）、最初から承認されるわけには行かない。実際に現象論の議論を展開するものは、ヘーゲルその人の精神であって、それが絶対的精神であるか否かは、我々は知らない。現象論の弁証法的展開の条件を充たして行くものは、ヘーゲルその人である。そう考える時に、この条件とは即ち扮戯的再構成と喜劇観察とであって、これを実行する精神は、要するに、交互に俳優となり、観客となるものに他ならない。そして、この処置を為し得る意識（精神）に於いてのみ、弁証法的の経験が成立する。それ故に、事実的には、意識形態の段階的継起を必然的に導く所の運動が、全体として、意識の弁証法的経験と呼ばれ得るのである。現象的知識を吟味する所の意識は、扮戯と観察との交替的の仕方で、その経験をもつのである。そして、かような意識の経験の学が、即ち現象論である。

――この最後の解説は、識者から、ヘーゲル的でないとの批難を受けるかも知れない。しかしながら、現在の我々に、独断に陥ち入ることなしに、これ以上の何事を主張し得るであろう。我々はいま、ヘーゲルの絶対的精神については何事をも知らないのである。かかるものを前提とする立論は、すべて、我々にとって独断以上の何物でもない。我々は、むしろ、健全なる常識に訴えてヘーゲル哲学を把捉せんとする初歩者である。そして、かかる初歩者こそ、未だ何らの哲学的成心によっても曇らされていない故に、最もよくヘーゲル哲学の真相を握み得るものではあるまいか。

○

さて、いまや、我々は、いわゆる「発見の旅行」に旅立つための準備をととのえた。我々の取り扱うべき主題は、現象としての知識である。そして、我々は、これを扮戯的に再構成し、その喜劇を観察する。この際、我々が最も強くヘーゲルから要求された事は、新しい発見の旅行に出で立つために、一切の立場や先入見を棄て去ることであった。まったく淡白な心になって、この旅に出で立とう。案内はヘーゲルがしてくれる。この旅行の目標が何処にあるかは知らない。「序文」がその約束の国をほのめかしてはいたが、しかし、それはただその国の住民にしか理解され得ないような言葉を以ってであった。そして、「緒論」はただ、我々の旅行の心がまえに就いての注意を与えただけである。我々はただヘーゲルと共に旅立とう。

感覚

現象論の出発点は何処に求めらるべきであろうか。――ヘーゲルに於いては、哲学の「端初」ということが、いつでも重要な問題である。就中、概念的体系の「端初」は特に重要であるが故に、現象論を読了して、更に進んでヘーゲルの哲学体系の性格を一層明確に理解しようと欲む人々には、是非とも、かの『論理学』の初めの部分について、この端初の問題を考究することを慫慂《しょうよう》する。――いまここで、これに対する答えを見出すためには、現象論の「対象」が何であるかを思い出せばいい。それは、「緒論」において示されたように、現象的知識である。即ち、意識の経験に於いて、外見上とにかく自明的確実性をもって現れる知識である。それ故に、この現象性の程度に於いて最も最初なるものが、即ち我々の求める出発点でなければならない。その原始的な点で、外見上の自明的確実性において、一切の他の知識に前行する所の知識形態がそれでなければならない。そして、かかるものを、ヘーゲルは、「感覚」に於いて見出している。

注意しなければならない事は、ヘーゲルは、ここで、人間の知識発展に於ける時間的の発生順序を問題にするのではないという事である。時間的発生の順序からみて、意識生活の一生の中で、感覚が一番最初であるという意味ではない。実際に、人間の一番最初の意識的経験が、ヘーゲルがここで感覚と呼んでいるようなものであるか否かに就いては、我々はいま何らの確証をももってはいない。では、いかなる意味で、この感覚と呼ばれる意識経験が最も原初的であるのか。

ここでヘーゲルは、意識経験の最も本源的な様相は感覚であるという常識的認定に従うものである。我々の種々の意識経験は、通常、感覚や、反省や、判断や、推理や、そういった色々の働らきの集合であるが、いま我々は、想像の力に訴えて、一切の判断や推理を中止してしまう。一切の反省的手続を中止する時に、そこに、何ら反省的に加工せられずに、ただそれだけで自足的な感覚が残るのである。かかるものは、何ら反省によって加工（媒介）されていない直接的なものである。この、反省によって媒介されていないと言うことが、感覚をして、意識経験の最初のものたらしめる所以である。だから、このような感覚が、発生的にみて、反省よりも前であるか後であるかが問題なのではない。そうではなくて、意識が完全な直接性に於いて、何らの反省もなしに、自己の確実性を確信している状態が主要なのである。そこには、純粋に感覚的な直接的経験を動揺せしめるような何らの反省も存在しないのである。それは、単なる色であり、単なる音である。ただ直接的な印象であって、それが青い色だとも、電車の音だとも反省（判断）されてはいない。否、単なる直接的印象そのものであって、音であるか色であるかの区別も立てられてはいない。ただ直接的な「これ」である。そこには何らの反省的加工もない故に、それは無条件的に確実である。これこそ真の自然的意識に於ける経験であって、現象論はこれを以って出発点とすることが出来る。繰り返して言う、未だ何らの反省によっても媒介（加工）されていない所の純粋直接態としての感覚の確実性が、現象論において吟味せらるべき最初の現象的知識である。

　ところで、実際上、我々の意識経験において、かように純粋な感覚が現れて来ることは、むしろ極めて稀である。我々の意識経験は、通常、すでに様々の反省を雑《まじ》えたものとして現れている。そこで、我々は、「吟味」の先頭に於いて、この感覚をば、それの純粋性において精確に再構成しなければならない。即ち、我々は、我々の現実の意識ではない所の他の意識を、まづ「扮戯」しなければならない。そこに感覚としてのみの意識が演出されて、一切の世界はかかる意識の規模に於いて構造されたものとなる。その時、かくて扮戯された意識は、次のような確信をもっている。――感覚的知識は最も根源的な自然的意識に属している。それは直接的であり、具体的であり、従って確実であり、真理である。感覚は、対象から何物をも除去しないで、それを完き全体に於いて直接に受け取っているのであるから、これこそ最も真実なる対象把捉である。一般に認識の誤謬は、反省（思惟や推理）

の力にたよって、眼に見えず耳に聞こえず感覚とならぬ所のものに、依拠する所から生ずる。これに反して、感覚に現れる所は、何らかかる反省によって乱されていない。感覚は、感覚以外の何物をも信じない限り、決して誤謬に陥ち入る筈はない。それ故に、感覚こそ対象把捉としての真理性を要求し得るものであり、感覚の対象は、感覚の把捉するままに実在である。かつ、感覚は、未だ何ら思惟によって抽象せられざる最も豊富なる内容をもち、従って最も具体的である。世界の新しい印象は、絶えず感覚を充実して行く。時間と空間とに於いて、感覚の拡充と具体化には限界がない。

我々は、俳優として、我々自身の意識ならぬ他の意識を扮戯した時に、実にかくの如き確信を代表する。けれども、我々は俳優たると同時に観客である。我々の意識は、感覚的意識を演出すると同時に、そこに喜劇の成立を観取せざるを得ない。かかる知識形態を再構成する我々は、同時に、その中に固着している不整合を見逃すわけには行かない。俳優は実に喜劇を演じているのである。かれは自己の確実性と具体性とを自負しておるけれども、そのかれの誇示する所は実に仮現に他ならない。純粋に直接的なる意識経験は、実は、最も抽象的で貧困なのである。何故ならば、判断や推理や、思考を伴わない経験、即ち直接的な感覚は、自分の意識している所が何についてであるかを知らない。「これ」を意識してはいるが、「これ」が「何」であるかを知っていない。ここに或る直接的の感覚があるとして、それが（花の）香であるか、（赤い）色であるかは、感覚自身の限定し得ない所である。感覚にとってはただ（無規定的な）印象があるのみである。そして、これが何であるかを規定することは、一般に、判断と呼ばれる反省的思考の仕事である。だから、反省によって媒介されていない意識は、それの対象（内容）を規定することを知らない。それ故に、感覚と呼ばれる意識経験の内容は、端的に、無規定的内容であり、従って、全く非具体的な抽象的なものである。蓋し、純粋なる感覚の場合、我々の言い得ることは、ただ、「ここにある」とか、「このこれ」、「このもの」というだけである。感覚の把捉しているものは、（後に詳述するように）、時間的に何時何時と規定されてもいず、空間的に何処其処との限定もなく、また何だという名前も定められていない所のものが、ただ「ある」というにすぎない。ただ極めて抽象的な「ある」ということが、その内容の全体の本性である。だから、強いて感覚のもつ「確実性」について云為するとしても、それは実に何ら規定せられざるものについての確実性（！）である。

純粋なる感覚に於いては、その内容（対象）がかように無規定的であるばかりではない。これを意識している主体（心、精神）についてみても、同様に無規定的である。感覚をもっているものは「私」であるとか、それは「私」の感覚であるとか、言われるであろう。けれども、通常、「私」とは、「彼」や「汝」から区別され、また沢山に集合して社会を成している個人の中の一つを指すのであって、それは、既に多様に判断や反省によって加工され媒介されたものである。即ち、個性として規定されたものである。しかるにいま、単なる無規定的の感覚が「ある」というだけの場合に、いかにして、それの主体が「私」としての規定体であるという事が出来るか。この主体もまた、単に抽象的な「これ」以上に具体的個性的であることは出来ない。何ら反省を伴はない意識は、未だ誰の意識だとも言い得ないものである。

かくて、その内容（対象）に関しても、その主体に関しても、全く抽象的無規定的なるものが、（その事を気付かずに）、得々として自己の具体性を主張し、確実性を誇示しているならば、それは一場の喜劇ではないか。感覚的確実性の再構成（扮戯）は、上述の如くに、それの喜劇を暴露した。感覚が喜劇として流出されることは、実に内的に必然的なのである。そして、この必然性の中に、感覚的確実性の弁証法が存するのである。

○

以上、感覚の喜劇に関するヘーゲルの論述は、極めて常識的である。むしろ、我々は、その何処に物々しい「弁証法」がひそむかを怪しむであろう。そしてまた実際に、いわゆる弁証法的処置の主要なる一面は、（抽象的に論じてこそ物々しくもなるが）、要するに、具体的思考の内的構造を忠実に扮戯することに他ならない。しからば、それは全然常識以上の何らの洞察をも含まないものであるか。この点に連関して、ここに困難なる問題が生れて来る。我々はまず、上述弁証法的扮戯（再構成）への批難を、挙示することによって、この問題を展開しようと思う。

ヘーゲルによれば、一般に直接態（感覚）は、それの再構成的演出に於いて、必然的に、それの誤謬（不整合）を露呈すると言われるけれど、その誤謬は実は故意に露呈せしめられたものではないか。直接態の内的不整合は、それを演出することから必然的に結果すると言われるけれど、しかし、既に扮戯された直接態は本当の直接態ではない。本当の直接態は、決して、われと自らその不整合を言表しはしないであろう。そうしない所に、直接態の自己確実性の確信が横わっている。否、一般に扮戯され得ない所にこそ、真の直接態の本質があるのではないか。それを強いて扮戯して、遂に喜劇たらしめるものは我々俳優であり、不整合露呈の責任は我々の負うべきものである。その対象がどうだとか、主体がどうだとか、具体的だとか抽象的だとか、いう論議は、すでに反省であり、この反省のレベルにまで持ち来たされた直接態は、直接態そのものではなくて、すでに扮戯された直接態である。否、反省のレベルにまで直接態を齎《もた》らすという事、そのことがすでに不合理である。かくて、一般に直接態を扮戯するという事そのことが、すでに不合理であると言うべきではないか。

ヘーゲルに従えば、感覚が「自己にとって」ある所と、それが「我々に対して」ある所との間には、著しい溝渠がある。「自己にとって」の確実性は、「我々に対して」は喜劇的でしかあり得ないと言われる。しかし、これは、既に、この場合の感覚的意識が反省によって媒介されている証拠である。

ヘーゲルは、知識の吟味に於ける弁証法的処置は、その吟味せらるべきものに、何らの外来的要素をも加えるものではなくて、ただ、それをあるがままに「叙述」するのみであると言う。しかしながら、感覚的直接態を叙述するとは、しょせん、これを非感覚的なるものを通して再現することではないか。それ故に、感覚的直接態は、「叙述」されたからこそ、支持し得ないものとなったのである。そもそも、直接態それ自身が、何故に、自己が叙述されてあることを求めるのか。かく言えば、知識が「叙述」されてある事は、知識の本質に属すると言われるかも知れない。そして、直接的意識形態もまた一つの知識形態として、自己の叙述を求めると言われるかも知れない。しかし、斯《か》く言い得んがためには、結局、絶対的精神が一切の意識形態を貫いて論理的には内在するという事が、前提されなければならない。だがしかし、その前提は、いまの我々には、採用し得ない所である。

さて、ヘーゲルは、このような批難をいかに処理し、ここに提出された問題をいかに展開するか。ヘーゲルと雖《いえど》も、弁証法的処理が、遂に、直接的なるものを反省の言葉に翻訳するものである事を、否定するわけには行かない。そこで、もしヘーゲルが上掲の批難を一掃し得んがためには、この反省の言葉に翻訳することが、決して、感覚に外来的の要素を加えることでもなく、またこの際、直接態がその本質を消失する所以でもないことを、証明しなければならない。ヘーゲルはこの課題をいかに展開するか。

○

ヘーゲルに従えば、そもそも、絶対的の直接態とは、論理的に不合理である。直接態が媒介されたものとして現れることこそ、必然的である。（ここに弁証法的道程の秘密がひそむ）。感覚はあくまで何かの感覚であり、不可避的に、主観と客観（対象）との関係として成立する。一般に、現象的知識が主観と客観と、（その他いかなる表現を用いようと、とにかく）、両つの極の間の媒介として現象することは、現象的知識に固有なる本質に属する。感覚もまた一つの現象的意識に於ける現象的経験である。それ故に、絶対的に単一なる直接態（としての感覚）というごときものは、論理的に不合理である。

これが、ヘーゲルの、現象的知識に対する洞察である。いま、我々もまたこの洞察に参与し得んがために、進んで、いわゆる直接態（感覚）の本質的構造に関するヘーゲルの究明に傾聴しなければならない。

先ず、一般に直接態の直接性（直接なる所以）を支持する根拠は何か。この点の考察は、次のような二段の結論に導かれる。

（一）第一に、直接態としての感覚的経験の核心は、「個物」であり、「特殊性」でなければならない。具体的な存在としての「これ」、「このもの」、「この」内容が、「この」心に現れている時にのみ感覚は真実である。それは、他のものではなくて、実に「この」ものであるという性格をもっている。他のものと交換することの出来ない「これ」である。かくて、主観に関しても客観に関しても、時間的にも場所的にも、個性的に規定されてある所に直接性の本質がある。

（二）それ故に、逆に言えば、この具体的個性的内容が他のいずこにも通用し得るような抽象的普遍的内容になったり、「この」意識がどれでももの意識になったりしては、感覚たるものの本質は失われる。主観も対象も、時も処も、無限定的であるならば、それは感覚の具体的確実性とは全く対蹠的な抽象性である。故に、その規定性即ち具体性を失うことは、感覚的確実性の破滅である。

そこで、我々は、この感覚について、その直接性ないし確実性の真相を究明しなければならないのであるが、この場合、まず、その直接性は、（一）感覚の内容（対象）に即してあるか、または（二）感覚している状態（主観）に即してあるか、いずれかでなければならないと考えられる。例えば、耳に聞こえて来る「音」に直接性が固着しているか、または、「私の聴くこと」の中にそれが巣うているか、その確実性は対象の側に成立するか、または主観の側に成立するか、そのいずれかであると考えられる。そこで、順次にこの二つの場合を考察して行こう。（そして、やがて我々は、この二つの場合が分離的ではなくて、連続的綜合的であることを見出すに到るであろう）。

まず、感覚の内容となっている対象の上にアクセントを置いて、これを直接性の要求者と考えよう。この内容、「このもの」が感覚として現象するのであって、これを感覚する主観は非本質的であり、第二義的である。極言すれば、感覚内容（対象）は感覚（主観的状態）からは独立である。だから、感覚の確実性は、感覚によってのそれではなくて、「このもの」に就いての確実性である。このような確信はいわゆる素朴的実在論の確信であるが、このような立場に於いて感覚的確実性を主張する人は、（他の人もまたかれの感覚する所のものを、かれと同様に感覚するであろうから）、その対象を指摘することが出来なければならない。それを如実に記述することが出来なければならない。そして、もしもその対象が、かれの記述する所のものと異っている事が明らかになる時には、かれは実に喜劇を演じているものに他ならない。

そこで、先ずヘーゲルは、感覚的確実性に対して、そのいわゆる直接なる対象は何であるか、「このもの」とは何であるか、を問おうとする。それを記述し、指示することを求める。だがしかし、感覚的確実性は、この質問に対して答えるべき義務があるか。むしろ、全然答弁を拒否することも、またかれの自由ではないか。感覚的確実性は言うであろう、感覚こそ一切である、と。いま何かが感覚として現在している事と、これを何らか他の媒体(例えば言語)を通して叙述する事とは、別個の事柄である。上掲の質問に答えるがごとき事は、感覚にとっては不必要であり、むしろ自己を詐《いつわ》る所以である。沈黙こそ最もふさわしい、と。かくては一切の議論は停止せざるを得ない。そして、現象論の計画は死産となって終らざるを得ない。ヘーゲルは、感覚をして、どうしても、かれの質問に答えさせなければならないのである。だが、この事はどうして出来るか。

この難関を切り抜けるための方策は、さきに「緒論」に於いて、弁証法的処置のいわゆる二側面的構造を説明した際に、準備されていたのである。即ち、かかる質問の向けられ得るのは、直接、感覚的確実性そのものではあり得ないのであって、それは、これを扮戯している俳優でなければならない。しかも、この際これを扮戯する俳優は、即ち我々自身である、(もしくはヘーゲルその人である)。だから、我々が感覚的確実性を扮戯し、その感覚的確実性に質問するということは、実に、我々が俳優としての自分に質問することである。いわゆる弁証法的経験の条件を充たすものは、我々の精神の中の俳優と観客、扮戯する意識と観察する意識との相即的交替であることを、前に述べた。かくて、問う者も我々であり、答える者も我々である。――そこに、絶対的精神が一切の意識に潜在するという洞察への道が開けるのであるが、しかし、それを理説として前提することは、いまの我々には許されていない。この事は既にしばしば述べた通りである。――かくしてのみ、感覚的確実性の対象が何であるかを問うことが出来る。その直接態たる内容の記述ないし言表を強要することが出来るのである。そして、その言表を楯に取って、直接態たる感覚の確実性を俎上にのぼせ得る所以がここにある。

○

さて、感覚の直接的対象「このもの」は、具体的個性的規定態として、時間的並びに場所的に規定された二重の形態に於いて存在する。即ち、それは直接に「いま」「ここ」にある。「このもの」が真に具体的であることは、この「いま」と「ここ」とが個性的に規定されていることに依存する。そこでまず便宜のため、その時間的規定性だけについてみて、感覚的確実性が「現象している今」として把捉しているものが何であるか、端的に、「いま」とは何であるか、を尋ねよう。そして我々は、この質問に対する感覚的確実性自身の答えを書き留めて置こう。——ヘーゲルは言う、真理は書き留められて保存されることによって少しも失われる所はない、と。（そして、ここには、auf-be-***wahr***-en 保存するとは wahr 真を保つことであると言うような文字の遊戯が行われている）。さて、「いま」とは何であるか。感覚は答える、例えば、「いまとは夜である」と。我々はその答えを書き留めて置こう。ところで、翌日の真昼に、この書き留めて置いた「いま」の真理を提げてかれに対するならば、かれは、この以前の答えを否認して、「否、いまはもはや夜ではない、いまは昼である」と主張するであろう。では宜しい。我々はこの新しい答えを書き留めよう。即ち、「いまとは昼である」、と。しかし、この「いま」の真理も、その日の夕方には、既に全く気の抜けたものとなっている。かようにして、順次に書き留められて保存された「いま」の真理の記録を見直してみよう。そこにはむしろ滑稽なる事実が暴露されている。

そこでは、「いま」という同一の言葉が、種々なる異別的の内容を指示している。「いま」の外延は頗る広く、それはむしろ無規定的の普遍者である。「いま」は個性をもっていない。そして、いずれの時間点にもあてはまる。だがしかし、具体的特殊的なる感覚対象の存在形態としての「いま」は、全く個性的である筈ではなかったか。感覚対象たる「このもの」は実にただこの「いま」の存在である。それ故に、感覚的確実性は、我々の質問に対して、「この」具体者にふさわしい個性的なものを言表すべきであった。しかも、この際、唯一の言表たる「いま」は、むしろ無規定的普遍的抽象的であって、「この」内容にでも、他のいずれの内容にでも、等しくあてはまるものである。しょせん、「いま」は直接的なる対象を意味することは出来ない。かくて、感覚的確実性が、「いま」とは何かと問われて、「いま」とは云々と答える時には、かれの意味する所とかれの言表とは、ついに不整合たらざるを得ない。かれはかれが意味する所のもの（特殊具体）を言表せず、かれが言表するところ（普遍抽象）はかれが意味する所のものではない。俳優が直接的感覚の確信を扮戯して、得々としてその対象を言表するとき、実はその内的不整合に気付かないものであって、いわゆる喜劇を演じつつあるものに他ならない。

感覚対象の時間的形態について言われたことは、またその空間的側面に関しても同様である。この場合にも、「ここ」とは何か、「ここ」を占めるものは何か、と問われるならば、「ここ」は個性的具体的に規定されていない事を告白しなければならない。感覚対象の空間的存在を「ここ」として言表するとしても、それは遂に対象の具体的直接性を意味することは出来ない。

繰り返して、次のように言ってもいい。私はいま机の上にパイプを見る。そのとき、「いま」「ここ」にある「このもの」はパイプである。――外へ出よう。そのとき、「いま」「ここ」に見る「このもの」は松の木である。――「このもの」はパイプであり、また松の木である。では、私が自分の直接的具体的感覚の内容を「このもの」と言表しても、実は、それによって私の直接的な印象が表現されてはいない。

かくて、直接態は遂に言表され得ないと言わなければならない。直接なる内容とそれの言表との間には不一致が存する。感覚的確実性の対象は言表され得ない。これを言表することに於いて、感覚的確実性の「立場」は、それの内的不整合ないし不合理を暴露すると言うべきである。いわゆる素朴的実在論は、この立場を代表するものと認められるが、(そしてその限り真実であるとしても)、それが自己の「確実性(確信)」を言表する時には、かれは既に自己の立場の不整合を告白し、その自潰《じかい》ないし否定へと移行すると言わなければならない。

○

では、次に、感覚の直接性は、対象に属するのではなく主観に属すると考えよう。即ち、感覚の確実性の本質は、対象に即してあるのではなくて、感覚している状態の中に、端的に、主観としての「私」の中に置かれてあると考えよう。かように、感覚的確実性の本質を対象から主観へと移すことは、即ち、素朴的実在論から素朴的観念論への移動である。いま、この新しい見解が、果して、主観の具体性を、従って、感覚的直接態の真理を確保し得るか否かを吟味しなければならない。

この場合にも、我々の弁証法的処置は、対象に関する場合と同様である。我々はまずこの新しい立場を扮戯しなければならない。そして、主観の形態に於ける直接性を主張しよう。いまが夜であり、このものが松の木である事の確実性は、それが、具体的直接的な「この私」の感覚であることに基づいている。換言すれば、私の感覚が把捉しているものの直接的確実性は、それが私の感覚である事に基づいている。感覚の確実性、ないし感覚に於いて私の要求する確実性は、私の感覚を刺激する所の対象に属するのではなくて、それが直接に私の直接経験である点に存する。私はただ私自身の直接経験についてのみ確実であって、私でない他の人の経験については知らない。けれども、苟《いや》しくも「私のもの」に関する限り、私は常にそれの全き意味を確保するものである。例えば、もしも私が「いま」「ここ」で見る「このもの」は何かを問われるならば、私は躊躇なしに、「これは松の木である」、「いまは昼である」と答える。君は、欲するならば、私の言表する所を書き留めて置き給え。そして、もし、別の時に、別の所で、私が「これはパイプである」、「いまは夜である」と言う場合にも、それはただ、その時、その場所で、「私のもの」である所を意味し言表するものに他ならない。この場合、対象の相違は、感覚が私のものである事に、すこしも抵触しない。私はただ、私が現在の意識に於いて「私のもの」としている状態を、固持するのであって、前の場合の私の意識と、後の場合の私の意識を比較したり反省したりする義務はない。そうすることは、むしろ、私が現に「私のもの」としている直接態を裏切ることである。私はただ、現在、ここで、この瞬間に、私の心の状態を充たしているものをのみ、実在と認める。次の瞬間には、私はただその時の「私のもの」を以って実在とする。その限り、私はいかにしても誤謬に陥ちいる筈はない。それは無条件的に直接的な確実性をもっている。

さて、一般にいわゆる素朴的観念論はこのような主張を代表するのであるが、その限り、それは正しいと言わねばならない。そして、ヘーゲルは、いまや、この立場を扮戯することによって、この立場の喜劇を摘出すべきである。ところで、これを説明するに当たって、ヘーゲルは、meinen と言う言葉を巧みに使用することによって、むしろ狡猾なる手段に訴えている。この言葉は、「意味する」ことと「私のもの」であることとを同時に示すものであって、そこでヘーゲルは meinen（私念）する所と sagen（言表）する所とは異別的な事柄であると説明する。しかしながら、我々はドイツ語を手段として思考するものではない。だから、いまここでは、この点に深くこだわる事を止めて、単純に、この立場の喜劇は「私」という言葉の無規定的な使用の中に含まれているのだ、と考えていいであろう。

もとより、感覚的確実性の根拠が「私」にあるならば、その「私」は一個の特殊な具体的な「私」ないし「私の心の状態」でなければならない。抽象的普遍態としての主体が、具体的な感覚の根拠となるという事は意味をなさないからである。ところで、「私」という代名詞は、先きに述べた「いま」や「ここ」と同様に、特定の或る物を言い表わすことは出来ない。太郎も「私」と言い、次郎も「私」と言う。何びとも自己中心的に世界を構成することが出来るし、異別的な主体がすべて「私」であり得る。かくて、「私」は単に抽象的普遍的の代名詞にすぎない。直接的な具体者を言表することは出来ないのである。否、この自分一個人についてみても、「私」の具体的内容は時と処とに応じて変化するかも知れない。前の「私」と後の「私」とが全く同一であるか否かを保証するためには、両者を比較したり判断したりしなければならないのであるが、比較や判断は既に感覚的確実性の範囲外の事柄である。一般に、すべての私の意識過程の背後に自己同一性を以って持続する「私」というが如きものは、(すでにカントが論究したように)、一つの理念に過ぎず、普遍者に他ならない。かくて、「私」は遂に具体的直接態を言表することは出来ない。「私のもの」という言表は、直接具体的に意味する所のもの、真に具体的の実在を命名することは出来ない。かくて、主観の側面からしても、対象の側面からと同様に、感覚的確実性の把捉は失敗に終ると言わなければならない。

〇

かようにして、感覚的確実性は、その本質が対象の中にあるのでもなく、「私」の中にあるのでもないことを経験する。即ち、この場合の直接態は、対象の直接態でもなく、主観の直接態でもないということが経験されたのである。そもそも、我々は、上述の二つの場合に於いて、初めには「私」に対立する対象を、次には「私」そのものを以って、感覚的確実性の根拠たらしめようと試みたのであるが、いまや、そのいずれの態度も失敗に終るという結果に到達した。そして、かような結果を招致した原因は、感覚の二つの契機たる対象と主観のうち、いずれかただ一つの契機だけを以って、その確実性の本質と考えた事にあるであろう。そこで、ヘーゲルは、進んで、従来の態度を棄てて、改めて感覚的確実性の「全体」を以ってその本質とすべきである事を要求する。

だが一体、この場合の「全体」とはいかなる意味であるか。この点に関して、次の事柄は充分に留意されなければならない。——そもそも感覚的確実性は、特殊的、個別的、具体的である。一つ一つの場合が、それぞれに纏った個体であって、他の場合と連絡したり流通したりする事はない筈である。昼なる「いま」、夜なる「いま」は、それぞれにその場限り独立な具体的感覚としてこそ直接的確実性を要求し得るのであって、両者は相互に排他的であり、一方が他方に移行するようなことは許されない。一方の感覚が現存する所には、他方の感覚は存在し得ない。しかるに、もし、一つの場合と他の場合とを比較して、一方にも他方にも同様に「感覚」としての性質があるとして、両者に共通な性質を「感覚」として抽象し、かくして抽象された「感覚」のもとに二つの場合を包摂させて、相互に関係づけるというようなことがあるならば、それは由々しき「感覚」の破壊である。すべての場合に共通な性質としての「感覚」というが如きものは、実にすでに抽象的な概念であって、真に「感覚」の名に値いする直接的具体者ではない。それ故に、ヘーゲルが感覚の「全体」と言う場合に、一つ一つの感覚をすべて寄せ集めた全体という意味に解してはならない。むしろ、一つ一つの場合それ自身が、それだけで具体的独立的な纏った一全体でなければならないのである。換言すれば、自然的直接的な意識そのものの全体性でなければならない。

さて、我々が、このような直接意識の具体的全体性に固執する限り、そこには、対象が本質であるかとか、主観が本質であるかとかいうような反省が成起する筈はないのである。いまにして我々は、我々の従来の態度が真に感覚の直接的具体性に忠実なる所以でなかった事を、了解するであろう。対象か主観かの質問を提起して、そのいずれかを本質的とし、いずれかを非本質的とする事は、すでに最初から、具体的全体性を破壊することであり、従って、最初から感覚的確実性の本質を無視している態度である。いわんや、かかる「全体」を、「いま」とか「ここ」とかいう如き抽象的普遍者を以って言表せんとするは、暴挙も甚だしい。

ここに於いて、我々は、(ある時は対象を、またある時は主観を、本質とみることによって感覚的確実性を扮戯した) 従来の態度を乗てて、改めて、この「全体」としての直接性を扮戯しなければならない。そこでは、感覚に、主観と対象との分離もなく、もとより、一方が他方よりもより本質的だという事もない。意識の対象 (内容) とこれを意識する主観とは渾然たる一体をなしている。もとよりこの内容を外にしては何物も実在ではなく、またこの内容を感覚する状態においてのみ主観は具体的である。そして、かかる意識は、一切の他の場合と無関係に絶対的である。それがもし一本の木の感覚であるならば、まさしく「この木」であって、他の木ではない。それは言わば唯一の現象である。そして、この唯一の現象が、即ち、この感覚の全体の内容である。ここには、時間並びに空間の連続もなく、自我の継続もない。これは極端に唯一的全体的な直接性である。——このような直接経験 (感覚) の確実性が、いまや吟味せらるべき問題なのである。

だがしかし、このような立場は、一体、いかなる手段に訴えて吟味せられ得るであろうか。このような立場に対しては、もはや、(前に試みたように)、その直接態は「何であるか」という質問を提出することは無意味である。このような立場は、もはや、自己の直接性を言葉で言表し、この質問に答えることを拒むであろう。では一体どうしたらいいのか。我々がもしこの立場と共に拱手して立ち停まっているとすれば、現象論の「発見旅行」は展開しない。いかなる仕方かに於いて、この立場もまた吟味されなければならない。即ち、まず扮戯されなければならない。だがしかし、「もしもこの直接態の真理を後になって取り出すとか、またこの真理から距って立つようなことがあるとすれば、この真理は何らの意義をももたないであろう。何故なら、それは、この真理にとって本質的である所の直接態を廃棄することである。だから、我々は、この立場を扮戯するためには、時間的にも空間的にも、それと全然同一の点に歩み入って立たなければならない」。しからば、そのことはいかになされるか。

ヘーゲルは、ここで、一つの巧妙な策略を使用する。この策略を、かれは「指摘」と呼んでいる。指摘とは、感覚的確実性をもっている「いま」「ここ」に在る「この私」と同じものに、「我々がなる」ことである。具体的直接的な確実性は、もはや、質問の手段を以って言表を強いることは出来ないが、しかし、我々は、それを指摘することが出来るであろう。その「いま」や「ここ」を、これだと指摘することは出来るであろう。俳優はもはや質問には答えないが、我々はかれの所作を観察することが出来る。そして、その所作の方向や位置やを指摘し、その性質を観察しよう。ともかくもそこに感覚が事実として在るのであるから、我々はそれを指摘することが出来なければならない。この「指摘」の扮戯を観察して、そこに演ぜられるものが喜劇であるか否かを吟味しよう。

ところで、――ヘーゲルは言う――真に現在的瞬間的の現象は、それが指摘されてあるために必要なほど長いあいだ継続してはいない。瞬間は矢よりも早く飛び去ってしまう。実に瞬間的な「このもの」は須臾《しゅゆ》も止まらない。直接的な「いま」は、それが指摘される時には、既にそれであることを止めている。そして、指摘されてある「いま」は、目的の「いま」ではなくて、既に他の「いま」である。このことは、古くすでにギリシャに於いても、例えばヘラクレイトスの有名な万物流転の命題などによって、美しく述べられた真理である。現在とは、ついに仮現の現在である。「いま」とは、在る時に当って、すでに、最早在らぬものとなるものに他ならない。だからヘーゲルは、（またしてもドイツ語の洒落を使用して）、現在のWesen本質（実在）を、Ge-Wesen-es（在った、「在る」の完了）の中に見出す。指摘される所の「いま」は、「在ったもの」であって、結局これがその「いま」の真理であると言う。もとより、本当の現在は、掴まえられる前に奔《はし》り去って、過去となる。だから、我々は、しょせん、本当の「いま」を指摘することは出来ないのである。「いま」在る直接経験は瞬間も留まらないが故に、我々が指摘する所のものは、実は、「いま」ではない他の瞬間の他の直感事実である。しかも、一つの直接的現在において意味されて在るものは、「この」現在ではない他の時に於いては、如実に指示されることは出来ないのであるから、真の直接態の内容はもはや一般に指摘されることが出来ないのである。「もとより指摘される『いま』が在ったという事は真であるが、しかし、『あったもの』は実に現在の実在（本質）ではない」。指摘されてある所のものと、一瞬間前に意味されていたものとの間には、大きい懸隔があるのである。

しからば、この「いま」を指摘する運動が、我々に教示する所の結論は何であるか。ヘーゲルに従えば、それは、この「いま」が具体者ではなくて、実は抽象的普遍者にすぎないことの暴露である。我々は、すこしく別の側面から、この事を考えてみよう。

○

次のように考えられる。もしも、現在というものが、絶対に何らの持続をももたないものので、ただひたすらに流転するものであるならば、かかるものの中では、いかなる事実も意識の具体的現象として成立することは出来ない。いやしくも意識の現象が在る以上は、現在はどんなに短くとも、とにかく持続するものでなければならない。そして持続する以上は、論理的に、要素的部分からの複合体でなければならない。そこで、意識現象の実在が承認されている今の場合に於いては、完全に単体としての（部分のない）現在というようなものは、むしろ不合理であって、従って、現在とは継起する微小要素部分の集合体であると言うことになる。たとえ、抽象的には、この要素（的時間点）こそ真に直接なる現在を意味すると主張されようとも、しかし、かような要素に於いては経験は成立しない。我々が意識の経験をもち得るのは、若干数の時間点の集合、ある時間の持続的の長さに於いてである。否、現在はあくまで過去から未来に連っている。過去と未来に連っていない時間の単純点というようなものは、端的に実在ではない。現在が完全単体でなければならないと主張されるならば、それは、実在でないもの、真実でないものを意味することであって、仮現にすぎない。

かくて、しょせん、「いま」とか「現在」とかは常に必ず相対的であり、言わば象徴的である。例えば、「いま」とか「現在」とかは、この瞬間でもあり、今日でもあり、今年でもあり、現代でもある。それは過去と未来に連る時間的の一つのブロックである。それがいかに短くとも、すでに複合的の一連結である。そして、その連結の一方の端は消えかかった現在となって過去に連り、他方の端は進み行く現在として未来の始まりに連っている。現在は常に二つの現在ならぬ成分を含んでいる。過去と未来とは現在の中に埋れている。しかるとき、現在とは一体何を意味しているか。前に見たように、絶対的意味に於いて、長さのない完全単純要素としての現在とは、遂に仮現であった。いままたその相対的意味に於いて、現在ならぬ成分を含む現在とは、もとよりまた仮現である。かくて、現在は、「いま」は、それの絶対的意味に於いても、相対的意味に於いても、いずれの場合に於いても仮現である。そして、現在が仮現であるならば、その現在の具体性を主張する立場もまた仮象である。それは遂に具体者ではなくて、抽象的普遍者であると言わなければならない。かくて、ヘーゲルは、「いま」を指示する運動の経過を、次のように述べている。

(一) 私は、「いま」を指示し、そしてこれが真理として主張されている。しかし、私はそれを「在ったもの」として、即ち「止揚されたもの」として指示するのであるから、従って最初の「いま」の真理を止揚する。

(二) そこで私は改めて、「いま」とは「在ったもの」即ち「止揚されたもの」であるという事を、第二の真理として主張する。

(三) だがしかし、「在ったもの」は「在る」のではない。そこで私はまた第二の真理を止揚し、従って、「いま」の否定を否定して、かくて「いまが在る」という最初の主張に還帰する。けれども、このようにして達せられた「いま」は、最早直接態としての「いま」ではない。それは、既に述べたように、他者に於いて自己を保持する「いま」であり、「いま」の要素の多数性に於ける「いま」である。かくて、「いま」を指示することそれ自身が、「いま」の真理の何であるかを表明する運動である。「いま」を指示する運動は、直接単純なものではなくて、区別された契機を含む運動である。そして、この運動によって、「いま」とは実に結果であり、結合された「いま」の多数性であることが表明される。要するに、「いま」を指示するということは、即ち、「いま」が直接的具体者ではなくて普遍者であるという事を、経験することである。「いま」の指摘という弁証法的運動（経験）の意味がこれである。

○

時間的「いま」に関する指摘扮戯について言われたことは、また同様に、空間的「ここ」に対しても当てはまる。感覚は、その直接的把捉の対象が具体的に限定された「ここ」に現象してあることを以って、その直接経験の真相とする。この「ここ」は、特殊的個性的具体的でなければならない。しかるに、「ここ」はまた「いま」と同様に曖昧である。もし「ここ」が絶対に広がりのない単純な点であるならば、それは何物の座となることも出来ない。もしも「ここ」が何物かによって占めらるべき場所であるならば、そこに何らかの現象が定座し得るならば、それはまた部分から構成された一全体と考えられなければならない。「いま」が持続的時間のブロックであると同様に、「ここ」もまた空間的広がりのブロックである。それは一つの全体として、上下左右前後に連絡している。それ故に、我々が「ここ」の直接性を扮戯するとき、指摘された「ここ」は、上下左右前後である所の「ここ」である。それは相対的の「ここ」であり、融通的の範囲をもっている。我々は、この室の中に、この国の中に、この地球上に在る何物かを、「ここ」に在る物として指示するであろう。そして、いかほど小さい「ここ」を取り、いかほど「ここ」を圧縮しても、一つの現象の占める「ここ」は常にある広がりをもっている。絶対的に単純な広がりもなく方向もない空間には、感覚がその確実性の根拠として依拠するための直接経験を可能ならしむべく、何物も現象することは出来ないであろう。否、このような「ここ」は実在ではない。具体者ではなくて、抽象態である。かくて、「ここ」に関してもまた、これを指示する運動は、即ち、「ここ」の真理を表明する運動であり、それは、直接態としての「ここ」の定立と、それの否定と、否定の否定としての自己への還帰とを含んでいる。しかし、かくして還帰した「ここ」は、直接態としての「ここ」ではなくて、しょせん、その運動の結果として定立された「ここ」である。要するに、指摘することによって表明された「ここ」の真理は、それが具体者ではなくして、普遍者であるという事である。

時間的並びに空間的に規定された「いま」「ここ」にある「このもの」の指摘も、また同様の運動である。我々はその説明を省略してもいいであろう。

○

かくて、感覚的確実性の喜劇は終る。直接態は、これを言表することも出来ないし、またこれを指摘することも出来ない。我々の演劇の第一段に於いては、扮戯したる俳優が、本来言葉で言表し得ないものを敢えて言表して得々たる所に、喜劇が成立する。その第二段に於いては、第一段の失敗に気がついた俳優が、言葉を捨てて、むしろ身振りで、この直接現象を指示しようとするのであるが、しかし、そこに指示されるものは遂に抽象的普遍者にすぎない。ここでもまたそれは喜劇である。―― 感覚的確実性の扮戯は、それが本来意味する所のものと、それの言表ないし指摘との間の不一致を暴露する。言表ないし指摘は、しょせん、特殊態を普遍者に、具体者を抽象態に、それ自身を、それ自身ならぬものに、変更する運動である。言表され指摘されたものは、直接的具体者ではなくて、それの止揚せられたる普遍者である。換言すれば、本来具体的と自負する感覚的確実性は、それの真理を表明する運動の歴史に於いて、抽象的普遍者として現れる。

このようにして、直接態演出の演劇に於いては、演出目的たる具体者は遂に演出せられずして、それとは全く反対の普遍者が演出されるという結果に終るのである。この結果は、感覚的確実性の内的暴露であり、それは、(既に述べたように、ヘーゲルの確信に従えば)、同時に、自己の真理の再認識でなければならない。そこでは、感覚的確実性は、自己ならぬもの、他者、「それ自身の他者」、の中へと移行する。それが、感覚的確実性の赴くべき運命であり、否、それの真理である。そして、そのように、感覚的確実性が「それ自身の他者」へと移行することは、「かれ自身の運動ないし経験の単純なる歴史に他ならない」。否、感覚的確実性自身がこの歴史に他ならない。我々は、上来、ただこの歴史をあるがままに叙述して来ただけである。従って、自然的意識がこのような結果に陥ち入ることは、かれ自身の必然的運命であり、かれ自身の真理である。「もとより自然的意識といえども、その確実性の真理たるこのような結果に自分で到達し、この結果を経験してはいるのであるが、しかしただ、自然的意識はいつもこの結果を忘れて、運動を始めからやり直すだけのことである。」幾度でもやり直すがいい。しかし、その運動が必ずやこのような結果に到るべき事は、実に必然的である。

○

この運動の歴史が、即ち弁証法である。しかしながら、――またしても我々はここに次の考察を繰り返さなければならない。――この歴史は、感覚的確実性そのものの中に立て籠ってそこに停止しているものの歴史ではなくて、（むしろ人工的に）演出されたもの、としての感覚的確実性の歴史である。換言すれば、弁証法は、感覚の立場に停止する意識の中にあるのではなくて、これを思考する（扮戯し吟味する）意識の中にあるのである。更らに端的に言うならば、それは、感覚についての現象論を展開しつつあるヘーゲルの心の中に、もしくは、ヘーゲルの監督の下に感覚を扮戯し演出する我々の心の中にあるのである。

蓋《けだ》し、いまこの際、感覚的確実性自身（この立場にある意識自身）が、ヘーゲルないし我々のいわゆる演出を拒否することは自由である。その拒否に対して、ヘーゲル及び我々は、いま抗議すべき理由をもっていない。現に感覚そのものである所の意識、感覚現象を直接に享楽している意識（人）が、直ちに以って、自己矛盾に陥ち入っているなどとは、いかにして言い得よう。かれは、もとより、その意味する所を言表しようとはしない。また指摘されてある事をも望まない。この際、ヘーゲル及び我々は、かれに言表と指摘とを強要するわけには行かない。かくて、かれが執拗に沈黙を守るならば、そこには、その内的矛盾は示されず、従って弁証法的運動は動かない。その運動が成起するためには、感覚的確実性が、いかようにか、言表または指摘されることに賛成しなければならない。この賛成を条件として、はじめて、我々は、かれの確実性を吟味することが出来る。もともと言表することを欲していない感覚を巧みに誘うて、その直接態を言表させて置いて、さて「汝の言表は汝の直接態と一致しない。汝は自己矛盾を含んでいる。」と言うのである。我々は感覚的確実性を罠に掛けるのである。罠に掛かった感覚に向って、ヘーゲルは、「直接態は、言表されるや否や、それの他者の中に移行する。それ自身の本質は、それの他者である。」と言うのである。

即ち、いわゆる矛盾は、感覚（的直接態）それ自身の中にあるのではなくて、それと言表（指摘）との間にあるのである。不可言表者を言表する所に、いわゆる喜劇が成立するのである。だから、おかしさは、感覚それ自身にではなくて、我々がこれを演出する場合に存するのである。かくて、弁証法の運動は、この演出を以って成起すると言わなければならない。そして、これを演出するものは、実に、ヘーゲル（及び我々）である。だから、弁証法は、ヘーゲルの心の中に、または、ヘーゲルの監督の下に現象論の呈示する道程に於いて感覚的確実性を演出すべく試みる我々の心の中に、のみ存すると言うべきである。

ところで、もしも、ヘーゲルが、弁証法は感覚的確実性それ自身の自己運動ないしそれ自身の歴史であると言うならば、それは、感覚的確実性の立場にある心も、実は、ヘーゲルの心と同じ心である事を前提するものでなければならない。吟味される心も、吟味する心と同じ心である事が言われなければならない。しかる場合にのみ、感覚的確実性は、自己自ら、自己を吟味することによって、自己の内的矛盾を告白し、従って、それ自身に於いて、自己運動として、弁証法的道程を展開することが出来るであろう。——だがしかし、このような心は、何故に、その心のもつ感覚的確実性を吟味し演出するに到るであろうか。

この事に関しては、いまのところ、我々は知らない。その演出が論理的に必然的であるということは解らない。それが論理的に必然的であるためには、一般に、吟味する心は、吟味される心よりも豊富であり、より高いものである事が前提されなければならない。そして、より高きものはより真理であり、低きものは高きものへ向って進んで行く事が、言われなければならない。換言すれば、何かより絶対的ないし根源的な体系的精神というようなものによって、いわゆる演出が発動せられかつ嚮導されている事が必要である。しかる場合にのみ、この弁証法的運動は論理的に必然的であり得る。しかしながら、我々はいま、その事については何らの前提をももってはいないのである。――ヘーゲルその人の哲学には、この種の前提たらしめる事が出来るような思考が含まれている。即ち、かれに従えば、我々の心はすべて、たとえ潜在的とは言え、実に絶対的精神によって貫かれているのである。自然的意識といえども、しかりである。それ故に、この絶対的精神が発動するところ、そこには必然的に弁証法的運動が実現される。弁証法的運動は実にこの絶対的精神の自己運動だからである。だから、感覚の弁証法的展開もまた必然的である、と言うことが出来るのである。

しかしながら、一般に、自然的意識もまた絶対的精神によって貫かれているか否か、我々はいま何事も知らない。いわんや、これを仮定することは出来ない。（最初から絶対的精神を前提することが許されるならば、事は簡単である。しかしそれはいま許されていない。ここに、前にも言ったように、解説者としての私にとっての困難がある）。恐らく、精神現象論が、最後に於いて、その絶対的精神を基礎づけてくれるであろう。しかし、それが基礎づけられる時までは、我々はただヘーゲルの監督の下に、ヘーゲルと共に、いわゆる演劇を上場して行くより他に仕方はない。恐らく、ヘーゲルと共に「発見旅行」を続けることによって、我々はヘーゲルを理解し得るであろう。そして、最後に、我々が全くヘーゲルと同様の確信に立ち得るか、または、それを嫌悪するに到るか、それはいまここで予定すべき事柄ではない。

だから、弁証法的運動はただいわゆる「演出」する意識に存在するとして、何故に我々は一般に「演出」しなければならないかを、論理的に究明することは、いまここでは、頗る困難である。しかし、（若干の厳密性を犠牲にして）、もしこれを心理的に理解しようとするならば、事情は著しく簡単になるであろう。即ち、この場合には、演出の過程は、心がいろいろの未知の事柄に気が付いて行く過程である。感覚は確実だと思っていたのに、そうではないと自分で気が付いて行くのである。そこで、問題になるのは、この「気が付く」過程が全く勝手なものではなくて、そこに、ある法則的な方向があるということである。即ち、ある種のオルガニゼーションに向って、「気が付く」過程が方向づけられているのである。組織体系へと向っている。それへ向っての方向に於いて、未知なるものが段々と顕在的になって行く。そして、そこに確実性の改訂が行われるであろう。このような展開の法則性が、即ち、弁証法的演出運動の法則性である。——このような心理的解釈は、決してヘーゲルの真意を尽くすものではない。既に例えば次章「知覚」の論究に於いて、ヘーゲルの現象論の問題設定がいかに一般心理学のそれと異るかが、明らかに看取され得るであろう。しかしながら、現象論は意識の現象の学として、心理的解釈と矛盾すべきものでもなく、またこれを絶対に排拒すべきものでもないのである。

知覚

感覚的確実性の歴史を通して、我々は、それを指摘（言表）することは則ちそれの真理を表明する運動である事を知ると共に、この運動を演出することによって、感覚的確実性の真理は畢竟《ひっきょう》普遍者であることを経験した。いわゆる「このもの」とは、直接的個性的の具体者ではなくて、抽象的の普遍者、即ち、多数性の単なる集合である。これが、「このもの」の真の姿である。しかるに、感覚的確実性はその事に気付かずに、自分は単一個性的な具体者を捕捉していると信じている限り、実は「真理」を捕捉してはいないのである。

繰り返して言う。感覚的確実性の対象は、（その主観もまた同様に）、その真理に於いては、それが言表され指摘されてあるが如くに、実に普遍者（一般者）である。換言すれば、感覚の対象は、絶対単純体ではなくて、一般的なる多くの性質ないし関係の集合体である。（蓋《けだ》し、白いとか、赤いとかいうようないわゆる性質とは一般者である）。そして、対象を、まさにこのようなもの（多数性質の集合）として捕捉するものは、即ち「知覚」である。それ故に、知覚は、直接的なるものに固執する感覚とは異って、むしろ感覚の対象をそれの真理に於いて把捉することである。端的に、知覚とは真理を捕捉することである。——

ヘーゲルは、ここでもまた、Walrnehmung という言葉の狡猾な遊戯に耽っている。即ち、この言葉は、「真理捕捉」と同時に「知覚」の意味をもっているのである。だがしかし我々は、このようなことに惑わされてはならない。言葉の上でヘーゲルを復誦したところで、それがヘーゲルを理解した所以とはならない。ここでは、ただ、何故に「知覚」が「真理捕捉」であるかを了解することだけが重要である。

　実際に、知覚は、物を真にそれがあるように捕捉する。真にそれがあるようにとは、一般に、一つの「物」とは多くの属性（性質）の一集合として現れている、という意味に於いてである。実際に、知覚の対象は、色彩や形状や重量や味や、「多数の性質(的規定)をもっている物」として存在する。この場合、性質とはもとより一般者であり、物はこの一般性質を分有するのである。例えば、塩は、白い、立方形、鹹《にが》い、等の諸性質の統一的集合としての物である。必要ならば、その他いくらでも多くの性質的規定を挙げるがいい。そして、塩（一般に物）とは、このようにして多くの性質を以って規定されるもの以外の何であるか。これこそ実に「物」の真相（真理）であり、この真理のままに「物」を捕捉するのが、即ち知覚である。――かくて、一般に、知覚に於いては、対象はまず「多くの性質規定をもつ一つの物」として把捉されている。そして、このような把捉こそ物の「真理捕捉」であると言われるのである。そこで、いま我々にとっては、このような知覚が果して究極的の確実性ないし真理性を要求し得るか否か、それが絶対的意味に於いての真理捕捉であるか否かが、問題とならなければならない。乃ち、我々は、この真理捕捉としての知覚を吟味すべく、まずこの「多数の規定をもつ一つの物」を扮戯し演出しなければならない。そして、この場合の意識の運動（経験）の歴史を追求しなければならないのである。

○

ここに、我々は感覚の確実性から知覚の確実性へと移行する。この「移行」は則ち弁証法的運動過程の進展である。ところで、弁証法的過程とし言えば必ず正反合の三段階的構造を成すものと（形式的に）断定している人々の中には、この場合の「移行」が弁証法であることに対して、不満を懐く人があるかも知れない。実際に、一方では、この知覚への展開が弁証法ではないという議論が行われていると共に、他方では、この移行をば無理遣りに三段階的過程として組み立てようという試みが為されている。しかしながら、この種の試みはすべて由々しき形式主義に囚われているものである事を、我々は既に見抜くことが出来るであろう。我々はすでに、弁証法なるものがいかに具体的思考の道程であるかを知っている。かくて、感覚の確実性（確信）は、その真理性を逸した。いまや、知覚が自己の真理性を確信する。

感覚は自ら対象の真理を把捉するものと確信していたが、その確信の不整合なる所以が示されて、いまや、感覚に代って知覚が、自分こそ、対象の真理を捕捉するものと確信する。換言すれば、感覚的確実性の不整合が暴露されて、それの成就し得ない所のものを成就すべく、真理捕捉としての知覚への進行が現れるのである。さて、感覚的確実性の弁証法は、対象（並びに主観）の真理が普遍者であることを示した。そして、知覚は普遍者を以って原理とする。いまや、我々は、「このもの」を見ては、これを「松の木」と知覚し、また他の「このもの」を見ては、これを「塩の結晶」だと知覚する。もとより、「松の木」というも、「塩の結晶」というも普遍者である。しかも、このような普遍者が原理となり出発点となり、ないし基準となり土台となって、はじめて、「このもの」が松の木であり、「このもの」が塩の結晶であることを把捉することが出来るのである。かくて、普遍者を原理とする知覚こそ、実に「物」の真理を捕捉し得る立場でなければならない。

次のように言ってもいいであろう。――私は塩を知覚する。塩は私によって見られる対象であり、この対象を見る者は私である。もとより、対象も普遍者としての対象であり、私もまた普遍性における私である。感覚の場合のような、瞬間的の取りとめのないものではない。普遍者として、自足的であり、持続的である。その自足的持続的の私が、また自足的持続的の対象を見るのである。私は常に私であり、塩は何時でも塩である。そして、対象は多くの性質をもった一つの物である。しかも、この場合、性質というものもまた普遍者である。白色は常に白色である。かくて、私の知覚に於いて、塩は白くて四角で鹹《にが》い。これこそ、塩に関する永久の真理ではないか。このようにして、実に知覚に於いてこそ、私は塩の真理を如実に捕捉するのである。

○

これが知覚の確信である。ところで、ヘーゲルは、その知覚論の冒頭に於いて、次のようなことを言っている。既に我々の熟知しているように、知覚の原理は一般に普遍性であり、従って、この知覚において直ちに区別される二つの要素（契機）、即ち、「私」（主観）と「対象」とは、ともに、もとより普遍者である。一般的なる「私」であり、一般的なる「対象」である。知覚に於ける普遍性の原理は、感覚的確実性の弁証法的運動を通して成立したものであり、従って、私と対象との二つの普遍者は、もとより必然的に成立したものである。ところで、この両つの普遍者は、かくて何らの矛盾をも含まない自足的規定態として、それぞれ直接に区別されている、と言うのである。

そこで、我々は次のような疑問をもたないであろうか。一体、知覚の構成に於ける「私」と「対象」とは、いかにも一応区別して二つの要素とみる事は出来るけれども、しかし、実は、「私」は対象を通してあり、対象は「私」を通してあるという風に、相互に媒介されたものではないであろうか。知覚において、両要素がそれぞれに直接的であって、相互に媒介されたものとして把捉されていない事は、やがて、知覚の確実性に暗い影を投ずる源となりはしないであろうか。

もしこのような疑問を懐く人があるならば、その人は既に多分にヘーゲル的な考え方に馴れて来た人である。実際に、このような疑問は、今後の知覚の吟味に当って、重要な基調となるものでなければならない。いまここに、この吟味の結論を言うならば、知覚の原理とする普遍者は、ただに主観や対象のみでなく、一般に、実は、極めて抽象的な普遍者であって、内的矛盾を暴露せざるを得ないことになるのである。即ち、知覚は未だ普遍者の本性を真に具体的に把捉することを知らない。それは普遍者ではあるが、しかし、この普遍者は、しょせん、感覚的なるものから由来する所の普遍者であって、(即ち、感覚的なるものによって制約された普遍者であって)、従って、「普遍者」の本性たるべき無制約性を逸しているのである。そして、ここに、知覚が真理捕捉として失敗に終るべき因由が存するのである。

だが、それは後のことである。我々は、順序を逐《お》うて、この知覚の確実性を吟味して行かなければならない。

○

さて、上述の如くして、とにもかくにも、知覚の立場に於いては、「私」（知覚する働らきの側面）と「対象」とは、ともに、知覚の原理として本質的な普遍者であり、従って、知覚の構造に於ける本質的契機である。しかし、両者は、ここでは、直接に区別されて、各々自足的なるものとして、相互に対立しているのである。両者がこのような対立の関係にありながら、しかもそこに知覚が成立するというためには、両者が等しく本質的なのではなくて、いずれか一方のみが真に本質的であって、他方はむしろ非本質的であると考えられなければならない。――しかるに、事実上、知覚とは「対象」が知覚されることであると考えられる故に、知覚の真に本質的な要素はむしろ「対象」であると言わなければならない。対象は、それが知覚されると否とに拘らず、実在である。塩は塩であって、知覚されようとされまいと、塩として実在する。これに対しては、私がそれを知覚するか否か、知覚するもの（私）があるか否かは、むしろ非本質的の事柄である。真に本質的なのは対象であって、それがたまたま知覚されるに過ぎないと考えられる。そこで、我々は、まず、この対象の吟味から始めなければならない。

知覚の対象は「物」である。例えば、塩である。しかも、それは、多くの性質をもつ一つの物である。さきに感覚に於いては、対象は直接的なる単一者としてのものであって、多数の性質の集合ではなかったが、ここでは、それは直接的単一者としては否定されてしまって、多くの性質規定の荷負者となって現れる。しかしながら、この荷負者は一つであり、一つの単一なる主体に多くの性質が附属しているのである。——塩は塩として一つの単一な統一的の物である。だがしかし、同時に、塩は、白くもあり、立方形でもあり、重くもあり、鹹《にが》くもある。塩は多様である。——一面からみれば、多くの性質規定の主体であり、多くの性質がそれに内含（附属）されている。その限り、物は一つである。だがしかし、他面からすれば、即ち、多くの性質規定という点からすれば、物は多様である。蓋《けだ》し、性質を抜きにして物は知覚されない。物が知覚されるとは、要するに、性質が知覚されるのである。従って、物が多様であるということは、知覚対象としての物の本質（真理）に属する事柄である。かくて、物は、一つにして、また多である。

しからば、かような物をして物たらしめる所以は何処にあるか。物を物として限定する「物性」とは何であるか。物の真理は何処に成立するか。この問題の究明が、即ち、物の「真理捕捉」であるが、この際、その「真理」は次のように三通りである。

（一）。多数の性質が単一の「ここ」にある。これが一つの物であるが、この場合、それらの諸性質相互は別に何ら相交錯し相影響するわけはない。鹹《にが》いことと、立方形であることと、白いことと、相互には没交渉であり、各自孤立的自足的の規定である。ただ、それらが一緒に「ここ」に結び付いているに過ぎない。塩は、白くもあり、また立方形でもあり、また鹹《にが》（くもあり、また重くもある、に過ぎない。即ち、多数の性質が、「もまた」によって単一なる「ここ」に結び付けられているだけであって、これが一つの「物」の知覚として現れるのである。さきに述べたように、知覚はただ性質をのみ知覚するのであるから、「もまた」の関係で結合された諸性質の一集団が即ち「物」であり、知覚の「物」とは実にこれ以外の何ものでもない。それ故に、この「もまた」こそは、諸性質を結合する媒体であり、純粋なる普遍者であり、かくて、媒体として諸性質を結合することによって物を可能ならしめる普遍的原理である。端的に、これが、物を物たらしめる所以の「物性」である。物とは多数性質の「もまた」である。（物の真理としての普遍性とは、なんと抽象的でしかないことよ！）

（二）。もしも一つの性質というものが、絶対的に他者と無関係であり没交渉であって、全然それ自身だけで考えられてあるならば、それは未だ限定された（一定の）性質という事は出来ない。蓋《けだ》し、一つの性質は、他者から区別されて、他者と対立せしめられてこそ、はじめて一定の性質として規定されているのである。相互に他者を定立し、相互に他者と対立し、相互否定的である限りに於いてのみ、それは自己規定的である。昔から、規定することは否定することであると言われているのも、こうした意味に於いてである。白は白であって、立方形でもなく鹹《にが》いのでもない。白はこれらの他者を拒斥し否定することによって、白として限定される。ところで、物は多くの性質をもつと言われるが、それらの諸性質は、白とか、赤とか、限定された性質である筈である。しからば、それら諸性質は相互に対立的否定的である筈であり、従って、それらが単に「もまた」という関係で結び付けられるということは不可能である。かくて、物の性質の区別ということは、相互没交渉的な区別ではないのであるから、「もまた」というような一面的なる媒体の内部に於いて成立し得るものではない。むしろ、物は、一定の性質をもつ物として、他者を拒斥する所の統一を為すものでなければならない。即ち、物を物たらしめる所以の媒体は「もまた」の如き相互無関心的の統一たるに止まらず、それは一定の存在として、他の存在を拒斥し否定する所の統一でなければならない。それは、「一」であり、「拒斥する一」である。そして、「一」はただ自分自身と関係するのみで、他を拒斥するからこそ「一」である。この点では、物とは、対立する諸性質を排外する「一」であると言わなければならない。物が多数の性質をもつとは、端的に物が多であるとは、むしろ矛盾であって、物はあくまでも「一」でなければならない。

(三)。しかし、物は多くの性質をもった物であるから、それは単一なる「一」であることは出来ない。しかも、一つ一つの性質は、それぞれまた規定態であり、従って他者を排斥する。それぞれ一つ一つの「一」として、対象に於ける結合からもむしろ解放されて、言わば自立自足的である。この点から言えば、物とは、多数の性質そのものだと言わなければならない。

さて、以上述べた所をいま一度要約すれば、次の如くである。物とは、

(一)。何ともつかぬ受動的の普遍態、即ち、多数の性質(むしろ素材)の「もまた」である。

(二)。否定、または、「一」、即ち、相対立する諸性質の拒斥である。

(三)。多数の性質それ自身であり、最初の二つの契機の関係である。

かくて、知覚の対象の真理は、このような三つの契機において扮戯されなければならない事を、理解したであろう。真理捕捉における「真理」としての物は、これらの契機に尽くされているのである。これが、知覚に於ける「物」の真相であり、従って、物をこのよ

うなものとして把捉することが、即ち、知覚対象の真理を捕捉する所以である。

○

そこで、以上が知覚の対象の真相であるが故に、意識（私）は、これを、あるがままに、把捉しなければならない。前に言ったように、知覚に於いては、対象と「私」とが直接に別々のものとして与えられるけれども、知覚の本質的要素は対象であって、私はむしろ非本質的であるが故に、私はただ対象の真理をあるがままに受け取るべきである。これに何物かを加えたり、これから何物かを減じたりして、対象の真理に加工する権能は、非本質的者としての私には与えられていない筈である。意識が対象の真理をあるがままに受け取るとき、その結果、意識に現れる所のものは真理である。けれども、もし私が物を把捉するに当たって、何かを添加したりまた除去したりするようなことがあるとすれば、私はそれによって真理に変更を加えることになるであろう。その時、そこに生ずるものは、知覚に於ける錯誤、即ち錯覚であるが、意識にとっては実にこのような錯覚に陥ち入るべき可能性が存するのである。蓋《けだ》し、意識（私）は、また、対象から区別された普遍態として、（対象ではなくて）己れ自身を以って真理の標準と考えるからである。

ここに於いてか、知覚一般の吟味を任とする我々は、その「私」が知覚に於いて何を為すかを考えてみなければならない。知覚における「私」の経験を闡明《せんめい》しなければならない。但し、ここでも、「私」は実に直接に与えられたる普遍者であるが故に、その限り、「私」に誤謬のありよう筈はない。「私」は常に真理を把捉すると確信することが、知覚の立場における確実性である。この立場にある意識は、この確信を固執して、この確実性の中に立て籠っているであろう。もしもかれが信じて譲らない場合には、弁証法的運動は動かない。それ故に、ここでもまた、我々はこれを扮戯し観察することによって、知覚の喜劇を演出しなければならないのである。この事については既に説明して置いた通りである。

さて、知覚（真理捕捉）に於いて為される「私」（意識、主観）の経験は、これを、対象の「真理」の三つの契機に呼応させてみるときに、次の如くである。この場合、意識と対象との不一致が発見されるとすれば、それは、前に述べた理由によって、知覚の錯誤即ち錯覚とせられなければならない。換言すれば、それは対象の非真理性を意味するのではなくて、知覚の非真理性を意味するのである。従って、かかる錯覚は、対象の真理に応じて、修正されなければならないのである。

（一）。まず最初に、私の受け取る対象は、純粋に単一な「一」として現れて来る。それは塩であり、塩として「一」なるものである。ところが、同時に、私はそこに色々の性質をも知覚する。ところで、性質は普遍者であって、いずれの物にも当てはまるようなものであるから、単なる単一性を超越している。では、対象は「一」ではないのである。私が最初、対象は「一」だとして受け取ったことが誤っていたのであって、対象はむしろ共同態である、と訂正されなければならない。蓋《けだ》し、対象が真理なのであるから、虚偽は私に属するのであり、私の最初の把捉が正当ではなかったのである。

(二)。そこで、私は対象を共同態として受け取る。ところが、或る物の性質とは、一つ一つ限定されたものであり、従って、他の物に対立し、他の物を拒斥する所の性質であることを、真理として捕捉する。だから、対象は他者との共同態(ないし連続)ではないのである。私が対象を共同態として受け取った事が誤りであって、対象は実に他者を拒斥する「一」である、と訂正されなければならない。

(三)。では、対象は「一」である。だがしかし、私はその対象に於いて多数の性質を見出す。それらの諸性質は、相互に干渉せず、ただ無関心的で、没交渉である。各々の性質は、各自限定されていて、他者を拒斥する。かくて、私はむしろ孤立せる個々の性質を知覚するのである。そして、それらが共同なる媒体に於いて結合されているか否か、それらが「一」なるものに属しているか否か、は知らない。――ところで、ここに到れば、これらの性質の一つ一つは、もはや「一」なる物の性質でもなければ、限定された存在でもない。蓋《けだ》し、ある性質的規定は、一つの物に属するものとしてこそ、はじめてその物の属性（性質）と言うことが出来るのであって、一つの物に属しない性質的規定は、未だ物の性質（属性）ではない。また、他の性質との対立関係に立っていない性質とは、未だ限定された性質ではない。だから、いまここに到達された個々の性質は、物の性質でもなく、規定態でもなく、それはただ単なる感覚的の存在に過ぎない。かくて、ここに、私はまた前の感覚的確実性の所にまで帰還してしまうのである。ここでは、意識は、知覚（真理捕捉）の態度を棄て去って、ただもとの自己自身の中に復帰しているのである。

我々は、さきに感覚的確実性から出発して、真理捕捉としての知覚にまで昇進して来たのであるが、いまや再び感覚に帰還して、またそこから前と同じ循環過程を再び閲歴しなければならないようにみえる。しかしながら、意識は、最初の場合と全く同様の意味に於いて、この循環を辿るのではない。蓋《けだ》し、意識は、知覚運動の結果が真理から出でて自己自身の中への復帰であること、従って、真理は崩壊するということを経験したのである。換言すれば、知覚に於ける把捉が、決して、感覚の場合のように純粋に直接的なそして単純な把捉ではない事を、「私」は既に経験して来ている。即ち、知覚においては、「私」は、知覚の真理（対象）から離れて、自分自身の中に反省して来たのである。感覚に於いては、私は、直接に、私の対象把捉に認識の真理があるという確信をもっていた。しかるに今や、知覚に於いては、上述のような虚偽（錯覚）が現れることがむしろ必然的であり、しかもそれは対象の責任ではなくて、私の責任であることを承認するに到っている。即ち、意識が自己の中に復帰することが、対象の純粋なる把捉に干渉して、真理を変更するのである。だから、私の対象知覚が誤っているのである、ということを承認する。そこで、もし意識が、この虚偽の側面が実に自分に属する側面であることをよく認識し、その責任を充分に自覚するならば、却って、意識は、真なる対象を純粋に捕捉することが出来るようになるであろう。蓋《けだ》し、その場合には、意識は、真理の把捉を知覚の虚偽から区別して、この虚偽を訂正する事が出来るからである。しからば、その事はどんな工合に行われるか。

○

我々は、従来、知覚を構成する二つの側面、即ち対象と意識との各々について、その所業や職能を、別々に吟味して来た。知覚に於いて、この両者は、ひとまず、それぞれ普遍者として、区別して与えられていたからである。しかし、いまや、前掲の問題を承けて、いわゆる真理捕捉としての知覚に於いて、具体的に、どんな経験が為されるかを考えてみなければならない。そして、真に知覚の真理が何処に存立すべきかの究明に向って武歩を進めなければならない。

さて、まず最初に、知覚に於いて、物は「一」として、一つの統一として現れる。それ故に、私はまず物が「一」であることを真理として認め、そして、物の「一」なること（真理）に固執しなければならない。そうして、もし知覚の過程に於いて、この事と矛盾するような何かが現れて来る場合には、それは全く「私」の反省に帰因するという事を認めなくてはならない。繰り返して言う。「一」たる事は実に物（対象）の真理に属する事柄であるから、もし知覚過程に於いてこの真理に反するような事が起ったとしたら、それに対しては全く私の反省が責任を負うべきものである。端的に、それは私に原因する錯誤である。——ところで、知覚に対しては、多数の性質が存在する。そして、これらの性質は、「物」に属している所の「物の性質」であるように思われる。この事は、物が「一」であることを妨げて、あたかもそれが「多」であるかの如くに思わしめるであろう。けれども、上述のように、物が「一」である事は物の真理に属する故に、それが「多」であることは出来ない筈である。そこで、この矛盾に逢着した意識は、「多」の原因を自己に帰して、対象の「一」たることを固執しなければならない。即ち、対象は「一」たる塩である。ただ、それが我々の眼に対する時に白くあり、舌に齎《もた》らされた時に鹹《にが》くあり、触覚に対する時に固形であるのに過ぎない。かくて、性質の多様性は、「物」に属するのではなくて、むしろ我々（意識）に基づいている。――ここで、この真理を書き留めて置こう。即ち、

（A）物は「一」であり、「多」の原因は意識にある。

だから、単一なる「一」として、それ自身何ら分裂のない物が、多数の分離的性質の集団となるのは我々に於いてである。換言すれば、物が多数の性質をもつことは、それが我々に現象する限りに於いてである。多数のばらばらの性質を一個所に寄せ集めて、一つの集団と見せることとの基底は我々である。即ち、我々（意識）が普遍的媒体なのである。――この真理をも書き留めて置こう。

（B）意識が媒体である。

ところが、それらの諸性質は各自別々に限定されている。即ち、他者と対立し、他者を拒斥する。例えば、白は白であり、ただ黒との対立に於いてのみ白として限定的である。また、物は他の物に対立する事によってのみ「一」である。「一」として限定されてこそ、他の物から区別される。しかし、「一」であるということは普遍者であり、どの物にでも当てはまる。この木も「一」であり、この牛も「一」である。それ故に、物は、「一」であるの故を以って、他者から自己を区別するのではない。むしろ、物は限定によって他者

から区別される。それが限定的である故に、限定的である限り、他者を拒斥するのである。ところで、物が限定されてあるということは、即ち、性質を以って限定されてあることである。自己に固有なる性質、他の物から区別される所以の性質をもつことによって、他者から区別される。塩は白く、鹹《にが》く、立方形であることによって、木から区別される。しかも、かように物を限定する性質は多数でなければならない。何故ならば、「一」なる性質は普遍者であるから、物を限定して、他者から区別する所以とはならない。しかるに、(一)これら多数の性質なるものは、他の物に属するのではなくて、その物に属している。しからずんば、その物の固有の性質として、その物を限定することは出来ないからである。ところが、(二) 多くの性質は、それらが属している一つの物に於いても、性質相互それぞれ区別されることによってのみ、限定的性質である。白いこと、鹹《にが》いこと、立方形であることは、それぞれ区別されなければならない。しかし、(三) それらの諸性質は、各々限定された性質であるから、各々自足的であり、相互には没交渉である。しかも、そのように相互に区別される個々の諸性質が、一つの物を他者に対して限定するのであるから、それらの諸性質が一つの物に於いて寄り集まっているのである。相互には全く無関心的没交渉的に集団しているのである。即ち、白くもあり、また鹹《にが》くもあり、また立方形である所のものが、即ち、物(塩)である。換言すれば、物とは「もまた」である。多数の性質が言わばただ外的に並立する所の普遍的媒体である。――この真理を書き留めて置く。

(C) 物(対象)は媒体である。

ところが、物は白くある限りは、鹹《にが》くもなく、立方形でもない。白いこと、鹹《にが》いこと、立方形であること、はそれぞれ別個の事柄である。物が多数の異別的限定的な性質の外的並立であるということ、即ち、白くもあり、また鹹《にが》くもあり、また立方形でもあるということは、それ故に、物が「多」であることを意味している。しかるに、それら多数の性質が一個所に集まって一つの物の性質となっているのであるが、この統一は(物は「多」である故に)物には属していない。それはむしろ意識の仕事である。例えば、ここに、白、黒、赤、鹹、酸、立方形、円、等々の性質が与えられているとき、白と鹹と立方形とを集合して、一つの物に統一するのは私であって、私はそこに、かくて、塩を知覚するのである。かように、多数なるものを統一して、「一」なる物を成立せしむる根抵は私(意識)である。物が「一」なることの原因は意識に帰属する。――この真理をまた書き留めよう。

(D) 物は「多」である。そして、「一」たることの根源は意識である。

さて、以上が真理捕捉としての知覚経験の真理の一般である。そして、我々はここに四つの結論を獲得したのであるが、それらは、それぞれ同様に真理性を要求する権利があると言わなければならない。そこで、いまその全貌を一挙に露出するために、全体を一堂に会してみるならば、次のような結果になる。

「物」（対象）――（A）「一」である。（D）「多」である。（（C）媒体である）。

「私」（意識）――（D）「一」である。（A）「多」である。（（B）媒体である）。


かくて、我々は、知覚に於いては、対象に関しても、意識に関しても、同様に、「真理」が二重の様相に於いて現れることを経験するのである。即ち、意識も対象も、等しく、それ自身において対立する真理をもっていることを経験する。前に、意識が真理（対象）から離れて自己の中に復帰することを述べたのであるが、いまや我々は、意識のみではなく、対象もまた意識に対する様相から離れて自己の中に復帰することを、経験するのである。両者ともに、「一」から出でて「多」を経て「一」に帰る。自己分裂と自己相互の反省とが、事柄の真相でなければならない。要するに、意識のみではなく、対象もまた、相対立する真理を所有し、矛盾する運動をもつものである事が、経験されたのである。

○

前《さ》きに知覚演劇の開幕に当たって、真理捕捉としての知覚の原理が一般に普遍性であることが宣言されていた。そして、知覚に於いては、対象も意識（私）もともに普遍態として与えられはするが、しかし、ここでは「私が対象を認識する」こととして現れるが故に、対象こそ実に知覚の本質的原理であって、意識は、むしろ非本質的者として、この対象の真理に対して何らの加工をも為すべきではなく、ただあるがままに受け取るべきであることが要求されていたのである。従って、知覚に纏綿《てんめん》する矛盾は、一般に、この「私」の非本質性の責任に帰属するものと為されて、対象はあくまで本質的普遍的原理として、知覚（真理捕捉）の真理性の根源とみなされていたのである。

　ところが、我々は、いまや、知覚の対象が、それ自身また、対立する真理を所有することを経験し、矛盾的の運動をもつことを見出した。前《さ》きには、それは、普遍態として、矛盾のないものであった。だが、いまは、それが矛盾に陥ち入るべきものである事を見出したわけである。一般に、知覚の原理としての普遍性は矛盾のないもののように思われていたが、実は、その時には、未だ普遍性なるものを抽象的に把捉していたのである。それが、本当に具体的に把捉されないままで、知覚の原理となっていたのであるという事に気が付く。むしろ、真実には、知覚の原理たる普遍態は、矛盾に陥つべきものであることを、いまにして見出したわけである。

　前段の終りに於いて、知覚演出の結果として、物（対象）が自己の中へ復帰するということを、我々は理解した。かくて、物は「一」である。即ち、自己自身に帰還（反省）したものであり、それ自身と自己同一的であり、自分自身だけの存在である。だがしかし、それは他者と区別せられ、他者を拒斥する事によって、はじめて「自己」として規定的である。だから、一定の規定された「一」であるという事は、即ち、他者と区別された自己という事である。換言すれば、自分自身だけの存在は、即ち、他者に対する存在である。だがしかし、自分自身だけでの存在と、他者への関係に於ける存在とは、もとより、異る存在である。かくて、物は、自己に対する存在と、同時に、他者に対する存在と、二重の存在であると言わなければならない。手取り早く言うならば、「一」なる自己統一的存在であるとともに、差別性である所の存在である。この事は、物が「一」であると共に「多」であることに呼応する。

　だが、「一」であることと、この差別性とは矛盾する。いまここで、もしも、知覚の対象たる「物」は実に必然的に矛盾を含むものだという認識――それは高い認識である――に、直ちに立つことが出来るならば、この矛盾はそのまま肯定され得るであろう。しかしながら、（前に言ったように）、知覚の原理は、それ自身が矛盾に陥ち入っている事を承認すべく、未だ余りに抽象的であり頑迷である。それ故に、知覚に於いては、上述の矛盾対立の各々が固執されなければならない。そして、知覚の論理は、この矛盾を解除すべく努力しなければならない。

そこで、物の本質的規定（属性）と、非本質的規定（属性）という考え方で、この点の困難を切り抜けようとする。即ち、物自体に帰属し、物の自己自身だけの存立を構成するものは、本質的属性であり、物を他者との関係に立たしめ、物の他者に対する存在を構成するものは、非本質的属性であると考える。例えば、一枚の葉は色や形をもっているが、しかし、色や形はそれ自身変化的であり、必然的ではない。非本質的である。夏には青い黄櫨《はぜのき》の葉が、秋の終りに真紅の色に変っても、黄櫨の葉たることを止めはしない。葉の葉たる所以の本質は、それの「自己自身だけの存在」、「一」たる点に存しなければならない。葉が葉として紙と区別されるのは、色や形によって区別されるのではない。それは、本質的規定によってである。――とかように考える。この考え方は、やがて、本質（本体）と現象という対立へと導かれるであろう。

ところが、このように物の本質的規定と非本質的規定とを以ってする思考も、上述知覚対象の矛盾を解除することは出来ない。否、それどころか、そこに到って、却って、その矛盾はいよいよ深酷《しんこく》なる局面を示顕する。すでに、物の本質的性格をなす点は、「一」たること、「自分自身だけの存在」である。しかも、物が自己として他者から区別されるのは、変化的な非本質的属性によるのではなくて、実にその本質によってである。換言すれば、（一）物は、本質によって他者との対立に置かれる、もしくは、対立という関係に置かれる。――しかるに、前に言ったように、他者に対する存在（向他有）は、自己自身だけの自己に対する存在（向自有）ではない。それ故に、物は、他者との対立に置かれない限りに於いてのみ、自分自身だけの存在である。他者との対立に置かれるとすれば、即ちそれは他者との連関に置かれていることであって、ここでは、「自分自身だけの存在」、「一」たることは止揚されてしまう。即ち、（二）他者との連関は、物の向自的存在の終焉である。――しかるに、前述（一）のように、物は、その本質によって、他者との連関に入る。他者との対立連関に入ることこそ、むしろ物に於いて本質的の事柄である。しかるに、また前に（二）言ったように、連関に入ることは物の自立性の否定であり、他者との連関にあるとき、物はむしろ自立的には存在しない。かくて、「（一）と（二）からの綜合的結論」、物はむしろそれ自身の本質によって滅亡する。物は、その本質的規定によって、却って、その自立性を喪失し、自ら没落して行くのである。

これがヘーゲルの推論であるが、かれは、またしても、巧妙なる言語的手法を使用して、この推論の終尾を、*zu-grunde-gehen* という言葉で結ぶことによって、そこに、後続すべき推論の展開を孕ませている。この言葉は、「没落する」を意味すると同時に、また「根低に到る」を意味している。蓋《けだ》し、上述の如くして、物が没落することは、即ち、物が、知覚に於ける抽象的自立性の仮象を脱却することを以って、知覚的仮象ならぬ真の根低に到達することである。翻って思えば、この様な根抵の故にこそ、知覚の矛盾が示顕され、その仮面が剥がれるに到ったのである。蓋《けだ》し、知覚の矛盾を感ずるものは、知覚自身ではなくて、その根抵でなければならない。この根低なるものの発動があればこそ、知覚の矛盾が摘発されるのである。いまや我々は、この根抵の把捉へと進まなければならない。

○

かくて、物の本質的規定、即ち、「自分だけの存在」を構成する規定こそ、却って、物を没落せしめてその根柢に到らしめるということを、我々は経験する。端的に言えば、知覚対象としての物は、自分自身を否定して、自分が全く「自分自身の反対」であることを告白せざるを得ない。対象は、実に、他者に対して存在する限りに於いて自分だけで存在し、逆にまた、自分だけで存在する限りに於いて他者に対して存在する。ここに到れば、対象は、知覚の何処にも、その本質をもつことが出来ない。前《さ》きには、「自分だけの存在」を本質的とし、「他者に対する連関に於ける存在」を非本質的と考えることによって、知覚対象に纏綿する矛盾を解除し得ると考えたのであるが、いまやこの計量は失敗して、「自分だけの存在」もまた実に非本質的として止揚されなければならない。しょせん、それは自分自身の廃棄である。換言すれば、物はむしろその本質を他者の中にもつと言うべきである。

事ここに到るべき知覚の運命は、実にすでに、知覚の原理そのものの中に胚胎していたことを見出すであろう。知覚の対象は、既に我々の知悉《ちしつ》するように、感覚的なる存在から出でて、その感覚性が止揚されて、普遍者となったものである。しかし、それは感覚的なるものから由来して来た抽象的普遍者であるが故に、本質的に、なお感覚的なるものによって制約（限定）されている。従って、それの普遍性は、真に自己同一的な純粋の普遍性ではなくて、普遍的ならざるもの（直接的個別的なるもの）によって不純にされた普遍性である。蓋《けだ》し、感覚の原理は個別性であるからである。それ故に、知覚の対象は、感覚的個別性と普遍性との中間に、立ち迷っている。そのために、「一」であると同時に、「多」くの性質をもつという困難に陥ち入るのである。そして、我々は、知覚の弁証法的経験を通して、かくの如き洞察に到達したのである。

いまや、この困難なる矛盾が解消されるためには、知覚の原理に附き纏う（感覚的）個別性と（感覚的）制約性とが止揚されなければならない。個別性が止揚されて絶対的の普遍性にならなければならない。制約性が止揚されて、無制約性が確保されなければならない。かくして、そこに却って、感覚的個別性を制約する条件たるもの（概念）の段階が展開する。このような無制約的絶対的普遍性の段階に於いてこそ、知覚の「真理」は具体的に顕現するであろう。何故ならば、このような絶対的普遍性の段階こそ、「他者に対する存在」と「自分だけでの存在」との矛盾を解消して、両つを統一する地盤だからである。そして、このような地盤にまで掘り下げることが、即ち、物が物の「根柢」に到達する所以である。物は、知覚においての物である限り、知覚的の制限をうけているが、しかし、物の「根柢」はもはや知覚的ではない。それは、すでに、知覚を超出して、むしろ却って知覚を制約する所の絶対的普遍性（即ち概念）の領土である。この領土は実に「悟性」の領土である。ここに、精神は、知覚の普遍性を止揚されたものとしてもつ所の絶対的普遍性の領域に入るのである。

○

従来かなりくどくどしい迂路を辿って来た我々は、我々の理解を明朗にするために、あっさりと今迄の経過を要約して置こう。――感覚的確実性の主題は直接的感覚的の個別者であった。それは、対象を、直接的個別者として把捉する（いわゆる私念《マイネン》の）立場であった。しかるに、感覚的個別者は、弁証法的運動の中で消滅してしまって、普遍者へと移行する。しかし、その普遍者は、その由来の故に、感覚的に制約された普遍者である。ここに、知覚が感覚に代って登場して、その対象を普遍者として把捉することによって、感覚が失敗した真理捕捉に成功するものであることを確信する。知覚の主題は、物とその性質である。即ち、一つの物が多くの性質をもって現れる。換言すれば、知覚にとっては、（感覚的の）個別者と、その個別者に対立して（しかもそれによって制約された）普遍者とがある。この両つの相矛盾する極が、知覚の対象に同時に帰属していることが見出される。そこで、この矛盾を解除すべく、本質と非本質という考え方が登場する。しかし、結局、それは一種の詭弁として終らざるを得ない。即ち、知覚の対象は、むしろその本質の故に没落するという矛盾を含むことが、暴露されなければならない。知覚に於いては、我々の「常識」は、実に、この個別者と普遍者と、両つの空しい抽象の間をさ迷っている。ある時には一方を、他の時には他方を以って、真理として固執する。実際には、そのいづれも徒労な抽象であって、固執するに値いしないものであることを知らない。これが実に真理捕捉としての知覚の喜劇である。そこで、我々は、この知覚の真理を把捉するために、このような知覚の立場を止揚しなければならない。これを否定して、より高い統一、より根抵的な領土に導かれなければならない。即ち、却って知覚的普遍性の根抵となり、従って知覚的対象把捉を制約するような絶対的無制約的普遍性の段階に登らなければならない。このような無制約的普遍者とは、感覚によって制約せられず、却って感覚を制約する条件としての「概念」

である。それは感覚的現象の根抵に横たわる超感覚的の世界である。そして、それは即ち「悟性」の領土である。——かくて、感覚的個別者の真理は知覚的（制約的）普遍者に於いて、しかしながら、知覚的普遍者の真理は悟性の無制約的普遍者に於いて、顕現するのである。

悟　性

知覚は、遂に、対象の真理を捕捉しているという確信（知覚の確実性）を、棄てなければならない。知覚の真理は、知覚に於いてではなくて、むしろ無制約的普遍者を俟《ま》ってはじめて把捉されることが経験された。このような無制約的普遍者は、もはや一切の感性的制約を超越した所の概念であって、かかる概念を対象としてもつ意識は即ち悟性である。

知覚の対象認識は、物自体の統一性とそれの性質の多様性、「一」と「多」との矛盾を切り抜けて行くことが出来ない。「一」なる物が「多」として現れる。この関係は、「一」なる本体が「多」なる現象として現れる、とみることが出来る。逆に言えば、多様なる現象的変化の間にあって常に不変的なる恒常性、外貌の変化の間にあって恒に自己同一を保持する如き本質を、見出すことが重要である。しかし、このような言わば現象の内部的本質は、もはや感性的の事柄ではない。このようなものを知覚することは出來ない。それはただ悟性の概念としてのみ成立する。だがしかし、このような概念がいかなるものであろうとも、それは、一般になお、認識主観たる意識に対立した対象の概念として成立している。即ち、我々の到達した無制約的普遍者（即ち概念）は対象の側にあらわれていて、それに対して意識が対立し、その対象の概念を考えるのである。普遍者は対象性に於いてあらわれ、それに対して意識はなお対象的意識である。これが悟性の領域の光景である。

ところが、直截に言えば、概念は実は意識が自ら作るものである。しかるに、この悟性的意識の領域では、概念が意識の所産である事が忘れられて、あたかも、概念は対象に即してのものであるように考えられている。その限り、意識は未だ自分の概念を、その真理に於いて把捉していないのである。概念はまだ抽象的にしか捕えられていない。それ故に、悟性もまた遂に或る種の矛盾に陥ち入るであろう。ここに、悟性の喜劇が成立するのである。

○

知覚に於いては、物の統一と性質の多様との矛盾に陥ち入った。それは、「一」と「多」との両者を各々究極的とみて、両者の抽象的な普遍性に執着したためである。この執着を棄てて、この両者をば、二つの契機（相）として統一する所の無制約的普遍者を把捉することによって、知覚の矛盾は解除されなければならない。即ち、ここでは、差別的な性質の多様は直ちに統一へと移行し、また、統一は直ちに差別的多様の展開へと移行する如くでなければならない。この移行関係こそ「物」の真相であり、この移行関係の把捉に於いてこそ、物の真理の具体的把捉の根拠がある。而《しか》して、このような移行関係、このような運動は、即ち「力」において具顕する。もとより、それは、もはや感性的対象ではない所の、無制約的普遍者としての、悟性対象としての力である。簡単に言えば、力の概念である。力は、（一）その発現（外化）と、（二）この発現から自己の中に帰還したものとしての力と、二つの相（契機）を具えている。一方では、現象的顕在的に差別的多様的に働らいている力であり、他方では、言わば自分の中に押しつめられた緊張、即ち潜在的な力としての統一的な本来の力である。（当体としての）力が（外化して）働らくのである。しかも、発現（外化）しない力は力でなく、また発現に於いて力たることを止めるものも力ではない。この両つの相の一致に於いてのみ、力は真に力である。かくて、物と性質との関係は、力の概念に於いて、力とその発現の関係として、まさしく具体的に捕捉されると言う事が出来る。換言すれば、本体と現象との関係である。そして、この関係を「力の遊戯」と呼ぶならば、この遊戯を通して物を見る所に悟性の立場が成立する。この立場に於いては、かくて、対象の真相は「力の遊戯」における契機の相互的な函数的規定の関係に帰すると言うべきであるが、この関係を支配するものは則ち「法則」の概念であるが故に、端的に、悟性は実に法則の領土を対象とするものであると言うことが出来る。

○

前述のように、悟性は「力の遊戯」を通して物をみる。それ故に、悟性のみるものは、この遊戯から結果された「現象」である。物をただ現象としてのみ把捉する。現象でないものは、悟性にとっては、むしろ非本質的である。——しかしながら、悟性は物を「力の遊戯」に於いてみるが故に、まさにそれ故に、力の現象を通して力の本体を見る。現象を通して物の「内部」をみる。現象は内部の発現ではあるが、内部は直ちに現象ではない。かくて、内部は、感性的現象的世界をこえて「超感性的」の領土である。それは、変化的現象的此岸の奥なる恒常的彼岸であり、特殊的変化的現象の内部としての普遍的法則である。——かくて、悟性的意識に於いては、意識に与えられるもの（現象）と、意識の彼岸としてのもの（内部）と、区別されなければならない。

しかしながら、「力の遊戯」に於いて物をみる悟性は、内部と現象、彼岸と此岸とがしょせん一つであることを経験する。もとより、悟性にとって把捉し得るものは現象の中にのみある筈であるが故に、純粋の彼岸として現象から切り離された内部は、空虚である。それはただ現象の否定でしかない。けれども、内部が発現するものとしての現象への関係に於いては、内部は空虚ではない。内部の内実はむしろ現象によって規定されている。換言すれば、内部の内実は、まさに現象に於いて現象するものそのものに他ならない。かくて、いわゆる超感性者は実に「現象としての現象」であると言うことが出来る。この事は、内部が、現象の普遍者としての法則であることを、言い表わしている。蓋《けだ》し、法則は（力と等しく）現象の根拠を表現するが、しかも、法則の表現する根拠は、意識の純粋なる彼岸としての空虚なる根拠ではなくて、現象に於いて自己を発現するものとしての根拠であり、また、現象的発現に於いて消滅するものとしてではなくて、そこに恒常的に留まるものとしての根拠である。かくて、ヘーゲルは言う。「内部」とは、多様をば自己の内部の単純なる区別として含む所の全体性に於いて、自己同一的に留まるものである。そして、「超感性的世界は、法則の静かなる国土である。それはもとより知覚された世界の彼岸ではあるが、しかし知覚の世界に於いてもまた現在的であり、言わばその直接なる影像である」。

○

悟性の本質的作用は、物を「説明」することであると言われる。即ち、現象に於いて法則を示顕し、現象を法則へ帰還させることが、いわゆる「説明」であるが、それは、しょせん、同一なるものを同一なるものによって理解する悟性的運動に他ならない。既にみて来たように、現象とか、力とか、内部とか、法則とか、等の概念が区別され、しかもその区別が止揚されて、もともと同一なるものである事が呈示される。この関係を演出する運動が即ち悟性の運動であり、この弁証法的運動が即ち説明である。だから、この説明によって、事物そのものに何ら新しいものが生ずるのではないが、それによって事物の真相が闡明《せんめい》されるのである。

換言すれば、同一なるものが、自己を区別し、この区別を止揚して自己に復帰することに於いて、自己の真相を示顕する。しかも、この運動は、即ち、悟性的意識自身の運動である。悟性は、いわゆる説明が自分の運動であることを経験する。この運動において、自ら自己を区別し、この区別から自己へ復帰することが、自分の本質であることを経験する。だから、悟性は、その説明の運動に於いて、実はただ自分自身のみを経験するのである。物の内部と言い、超感性者と言い、彼岸と言うも、しょせん、自分自身の内部に他ならない。悟性は、自己の対象の弁証法に於いて、自己自身を経験するのである。

ここに到れば、意識は、もはや、単なる悟性ではない。それは自己の中に反省する意識である。ここでは、意識は自分自身を知識する意識であり、言わば自分自身を対象とする意識である。このような意識は正当に「自己意識」と呼ばれなければならない。「現象と内部との真理が何であるかということに就いてのこの知識（自己意識）は、感覚と知覚と悟性との意識形態が曲折を尽くした運動を経て消滅するに到った過程の結果に他ならない」。

自己意識

従来観察吟味されて来た意識の諸形態は、感覚も知覚も悟性も、同質的に、対象を認識する意識であった。即ち、それらの（対象的）意識形態に於いては、抽象的に対象と意識（主観）とが対立し、「真理」はむしろ対象の側に存すると考えられた。従って、意識の確実性の標準は対象の真理に一致することにあったのである。しかるに、この対象的意識の弁証法的運動の結果は、（悟性的）意識に対立するものは（悟性的）意識自身に他ならないことを示顕して、今や、意識は自己を反省する「自己意識」として登場する。かくて、自己意識が従来の（対象的）意識と区別せられる所以は、それの真理が自己自身にあることである。意識の対象は、ここでは、もはや否定的たるにすぎない。意識が、自己を自分自身から区別し、その区別に於いて直接に、この区別されたもの（対象）が実は自分自身と区別のないものである事を、知るのである。意識が自分自身を知る自覚であり、自分自身が対象である。従って、ここでは、意識の対象と、対象の意識とは相覆う。そして、真理性と確実性とが一致する。むしろ、意識の確信（確実性）そのものが、意識の確信（確実性）の対象である。端的に、対象と概念とは一致すると言うべきである。——しかしながら、このような自己意識も、また、最低の段階から始まらなければならない。そこでは、自己意識は、未だ自分が本来何であるかを知っていない。そして、この意識がやがて自己自身を知るに到った場合に、意識がいかなる事を知識するに至るかを把捉するには、なお幾多の曲折を必要とする。意識の真理性と確実性とが真に完全に一致するまでには、まだ長い経験展開の道程を経なければならないのである。

○

さて、自己意識の最低段階として、自覚の直接なる姿は「生命」である。（かくて、自己意識の現象論は、人間の現象論となる）。意識が自己を肯定し、自己の存在に執着し、欲求し享楽せんとするとき、それは「欲望をもつ生命」である。しかしながら、ここに既に意識の分裂がある。即ち、一方には自立存在を本質とする「独立的意識」と、他方には生命（他者）に依存する「非独立的意識」とが対立する。意識が自己を生命と欲望とに隷属せしめる限り非独立的であり、逆に、生命を自己に下属せしめてこれを支配する限り独立的である。この関係は、（ヘーゲルが極めて彫塑的に美しい叙述を与えている所の）「主人と奴隷」の関係である。死を怖れること、即ち自己を生命に下属することによって、自己意識の独立性を否定し、むしろ物件的存在を以って独立的存在となして、これに固執するものは奴隷となる。これに反して、主人は、自立的自己意識的存在として、物件的存在を支配し、物件的存在を通してこれに隷属する奴隷を支配する。――しかしながら、自己意識の弁証法的運動は、やがて、この関係を逆転する。即ち、主人は奴隷の労働を必要とするが故に奴隷に依存し、これに反して、奴隷は主人の必要とする物を労働に於いて生産し得るが故に、主人を支配する力を獲得する。奴隷は、物的素材に加工し、自由なる形成活動を行うことによって、即ち、自覚的創造の行為によって、自己意識に帰還し、自由を獲得するに到るであろう。

かくて、「自己意識の自由」は、まずいわゆる「ストア主義」に於いて自覚される。この主義の原理は、自己意識の本質が自由なる思惟であること、従って、思惟によって自然的存在を否定することに存する。ここでは、意識は、一切の現実から離脱して、ただ思惟の自由の中に立て籠る。しかしながら、かくては、自由は内容なき空虚なる思惟の自由に留まるであろう。これに代って、むしろ逆に、一切の客観的真理を疑って、一切の現実をば単なる仮現と考えることによって、意識の自由を確保しようとするものは「懐疑主義」であるが、しかし、それは結局自己否定であり、「失われたる自己意識」であり、自己矛盾である。ここに於いて、ストア的な現実逃避に満足し得ないと同時に、また懐疑主義の矛盾を自覚する意識は、一方では此岸の生活から離れ切れないとともに、同時に他方では彼岸に憧れるものとして、流転の事実と恒常の要求との間に、変化的現実と不変化的理想との間に、迷いかつ悩まざるを得ない。かかる意識は、「不幸なる意識」となる。だが、それは既に自己に於いて分裂せる意識である。即ち、そこには、此岸の個別的有限的変化的存在の意識と、彼岸の普遍的無限的不変化的実在の意識と、端的に、人間と神との対立がある。

しかしながら、――意識の弁証法的運動は継続する。――かかる分裂を自覚する運動は、既に、その根抵に存する全体的統一を自覚する意識の運動である。自己意識が彼岸として、むしろ異質的として、定立した客観的実在も、また純粋思考であるが故に、それはやがて意識の中に吸収されなければならない。かくて、意識は、概念の主観性とその客観性（実在性）との一致を経験しなければならない。そこでは、彼岸とみえたものも、実は、此岸において現存する。このような自覚に到達した自己意識は、即ち「理性」的自己意識である。

理　　性

このようにして、意識は、自己自身の分裂から再び自分の統一へと復帰する。いままでの他在に対する否定的関係は、ここに、肯定的関係へと転化する。かくて、一切の客観的実在性の帰属する彼岸なるものが、自分の外にではなくて、しょせん自分自身の中にあることを見出すに到った意識は、即ち自己自身へ帰還した自己意識であって、ここに「理性」としての意識形態が成立する。換言すれば、理性は、一切の実在（現実）が自分自身に他ならないことを知るのである。かくして、ここに、意識の「確実性」と「真理性」との究極的の一致が実現されるであろう。この意味に於いて、理性としての意識は、（対象的）意識と自己意識との弁証法的統一であると言うことが出来る。ヘーゲルは、この『精神現象論』に於いては、（その他の著述では事情が異っているが）、このような理性的意識を、――（一）（本来の）理性。その確実性を真理性に高める運動に於ける理性。（二）精神。その確実性が真理性にまで高められた理性。（三）宗教。絶対的精神に於ける絶対的真理性の直観的確実性。（四）絶対的知識。絶対的精神の概念的自己把捉としての学。――と、四つの段階に別けて考察しているのである。そして、この部分は量に於いても『現象論』

全巻の三分の二以上を占めているのであるが、この部分の叙述は、宛然、豊饒なる浪漫主義的心情と融通無碍なる哲学的洞察とを経緯として、巧みに織り成された一個の芸術的作品である。だが、我々は、ここには、ただその思考の径路だけを、しかも出来るだけ簡単に、瞥見《べっけん》することを以って満足しなければならない。

○

自己意識は、いまや、理性として自己を確信する。一切の現実は自己意識に他ならず、自己意識の思惟はそれ自身現実である事が、意識の経験に於いて確認されたと信じるからである。かくて、自分自らが一切の実在性であるという意識の確信、それが理性である。換言すれば、それは、一切の実在（現実）が自分自身のものであるという確実性をもつ。事物の内的本質はいまや即ち理性の本質と一致する。従って、嘗《かつ》ては対象によって対象を説明すべく試みた意識は、いまや、思惟によって対象を説明し尽くすことが出来なければならない。嘗ては、自然は、「純粋の所与」、「単純なる客体」として、我々に対立した。けれどもいまは、その自然も、もはや我々に抵抗せず、却って我々に恭順なるものとしてあらなければならない。

かくて、理性の為すべき仕事は、このような確実性を真理性にまで高めることである。

自分の確信の真理を確証することである。ここに於いて、理性は、まず純粋に理論的態度をとって、「観察する理性」（理論理性）として登場する。即ち、その課題は、世界に理性があり、世界が理性的であるという事を、明示することである。そこで、観察する理性は、まず、無機的並びに有機的の「自然」に関心をもち、それの内臓を掴み出して、欺瞞に充ちた外貌を払拭し、事物は理性的概念に於いてのみその真理を露呈する所以を示そうとする。かくて、理性のいわゆる「観察」は、自然的事物の間に、理性自身の姿としての法則を究明することとなる。もとより、既に悟性が法則の存在を確認した。しかし、悟性にとっては、法則は「後天的」であり、仮説的である。何故ならば、我々の既に知ってるように、悟性はなお対象的意識であり、悟性の法則はなお対象に基づいていたからである。しかるに、理性は一切の実在性が自己のものであることの確実性であるが故に、端的に、それは「世界の意義」であり、世界を「支配する」が故に、理性にとっては法則は「先天的」であり必然的である。理性にとって必然的に「在るべき所のものは、また実際に在るのである」。同時にまた、理性は、多くの経験から法則を帰納することを須《もち》いない。理性はしょせん法則の主体であるが故に、むしろ演繹的に、法則をば「神的に直観」することが出来なければならない。

しかしながら、観察する理性の如上《じょじょう》の計画は、遂に失敗に終らざるを得ない。理論理性は、一切の自然的事象を、理性的概念（理念）に転化し尽くすことは出来ないのである。既にして、上述の意味に於ける法則の究明は、「無機的自然」から「有機的自然」に及ぶに到って、そこにその限界を発見する。ここでは、その「内部」は観察する眼には閉されている。有機的「合目的性」の外的側面は把捉し得るとしても、有機化する力としての内面的叡智は、外から観察する眼には把えることが出来ない。——ここに、汎論理的一元論としてのヘーゲル哲学が、いかにも不可抗的に、二元論（ないし非合理性）の波に漂わされている光景は、まことに興味ある観物である。——実際に、現実は直ちに概念の連鎖ではない。いかにも、酸性とアルカリ性とは概念の糸によって連結されて、そこに中性塩類の法則が把捉され得るであろう。けれども、魚は水中にのみ棲息し、北国の動物は厚い毛皮をもっているからと言って、水の概念が魚のそれを、北国の概念が毛皮のそれを含むと考えることは、余りにも馬鹿げている。かくて、観察する理性の論理的思惟は、経験的認識の一切を貫くことは出来ない。自然の観察は、必然的関係の究極的知識とはならない。自然を観察する理性は、自然に於ける存在発展の余りにも多い偶然性の波に漂わされて、そこに究竟《きゅうきょう》的に自己の姿を描出することが出来ないのである。

かくて、観察する理性はもだえる。乃《すなわ》ち、上述のように、外的自然の観察に於いて所期の目的を果し得なかった理性は、ここに於いて、むしろ「自己意識そのものを純粋に観察」

して、人間の意識生活の法則を究明しようとする。ここでは、理性の観察は、「観察する心理学」となる。しかし、ここで求められる心理的法則（並びに論理的法則）は、畢竟《ひっきょう》、形式的であって、意識の実在的個性を把捉することが出来ない。殊《こと》に、自己意識と外的現実との相互的影響の如何に関して、心理学的観察は何らの法則をも見出すことが出来ない。――そこで、理性は、再転して、（個性的）「自己意識の直接的な実在」を索めようとするが、ここでは、理性の観察は、ただ、内部を外部によって、心的なるものを身体的なるものによって、評価すべく試みるより他に路はない。そして、それは、遂に、「人相学」や、「骨相学」や、「手跡鑑定学」に終るであろう。だがしかし、窃盗や殺人や作詩が、必然的に、頭蓋骨や人相を変形しはしない。人相が「内なるもの」の直接的表現ではない。たとえ、両者の間に密接な関係があるとして、それは「記号」の関係であって、質的の同一関係ではない。否、それはむしろ偶然的関係であって、そこに理性の法則を確認することは出来ない。

ここに、観察する理性（理論理性）の努力は、空しき失敗に終る。しょせん、外部が内部の表現だと考えていた事が間違っていたのである。外的現実を観察して、そこに理性の実在性を見出そうとする態度は、最初から、外部は内部の表現であるという法則に、盲目的に従っていたのである。否、真に理性の要求する所は、内部自体の真の本質を具えているような外部を、（見出すのではなくて）、実現することであろう。世界が理論理性の支配下に立つということを自覚するだけでは、理性の要求は充たされない。むしろ、世界が理性の客観化的実現であることを、実践において確証することこそ重要である。かくて、理性の弁証法的運動は、ひとまず、観察する理性（理論理性）たることを断念して、実践理性の領域に入って、そこに自己の実在性を主張しようとする。

○

前《さ》きの「観察する理性」とこの「活動的理性」との関係は、あたかも、（対象的）意識と自己意識との関係の如くである。即ち、いまや理性は、客体に依拠して、そこに自己の実在を見出すのではなくて、むしろ、自分の実践的行為によって、世界に自己を実現し、自己を創造しようとするのである。「理性的自己意識の自己自身による実現」である。略言するならば、客体をば完全に主観に還元することの出来なかった思惟は、自分自ら客体となることによって、世界に自己の烙印を印しようとするのである。この際、実践理性が、行為の目的、自己実現の目標として定置するものは、「倫理性」である。個人と社会との倫理の王国こそ、実践理性が自己を実現する壇上である。

さて、自己実現の要求に目ざめた自己意識の最初の形態は、個性を中心とする「快楽と世界享楽の個人主義」である。しかしながら、「世界と共に滅びてみたい」と思うファウスト的自己拡大の情熱を以って追求する享楽にも、遂に限界があることを経験する。個体は脆弱である。それは、「必然性」の前には無力たるに等しい。――そこで、自己意識は、全体的なるもの、普遍的なるものに帰還する。内に心の幸福を求める。即ち、心に法則を与え、「心の法則」を世界に実現して、この法則に従って世界を改革しようとする。しかしながら、世界は却ってこの企てに衝突し、意識は遂に「敵対する優勢」を見出さざるを得ない。そして、「現実は生命ある秩序である」が故に、このような現実世界に対する個性の謀反は、しょせん「僭上《せんじょう》なる自負の狂心」にすぎないことを、認めなければならないであろう。――意識は、いまや、幸福を諦念して、むしろ、普遍的客観的の法則を「義務」なるものに認めて、義務のために主観的の個性を犠牲にして、社会に即して善を実現しようと決心する。それは即ち「徳」の実現である。前《さ》きに「心の法則」の主観性を悟った自己意識が、改めて、客観的な「徳」の実現に向おうとするのである。しかしながら、このような「徳」は、しょせん、「義務のための義務」であって、「徳」の本質は畢竟《ひっきょう》法則に他ならない。そのとき、「徳」は、「世の中の進行」、「世間」と衝突する。世の中（世界の進行）は徳の法則を超えて動いて行く。「世間」は必ずしも有徳ではない。しかしながら、されぱと言って、世間を蔑視し、世間と分離して、孤《ひと》りの徳を抱いて独《ひと》り高しと任じていることは、実践理性の実現ではなくて、むしろ虚栄の中への沈溺である。それどころではない。実践理性の弁証法的運動は、却って、この現実の世界の進行が、単なる「徳」よりも高く、既にそこに理性的普遍者の実現されてある現実であることを、悟らしめるに到るであろう。現実から離れた「徳」は実在性をもっていない。現実なる世界の進行、この世間の動きこそ、却って、実在性をもっている。そして、このような現実的世間の進行を構成する本質的要素は、もはや抽象的な法則ではなくて、むしろ、具体的な目的追求的な「個体」である。かかる個体は、すでに世の中の進行を肯定して、もはやそれとの闘争に煩わされることなく、むしろそこに、自己の行為を理性的個性の表現として楽しむものでなければならない。

○

「観察する理性」の主題が、現実的客体に於いて理性を見出すことであったとするならば、「活動的理性」の主題は、そこに理性的目的を実現することであった。いまや、理性的自己意識は、この対立を止揚するものとして、即ち、観察と活動との統一として、「個体」の表現を主題としなければならない。ここでは、目的と現実との対立は解消されて、目的が現実に即して実現される。換言すれば、ここに、個体は、自己の確実性が一切の実在性であるという概念を、自分自身について所有するものとして登場する。従って、かかる個体の行動は、個性の表現として、それ自身実在性をもつと言わなければならない。

個体はいまや得意の境涯にある。動物が山野で嬉々として楽しむように、個体は、ありのままの姿で自己の行為を楽しむであろう。このような意識の形態は、「精神的動物界」と呼ばれる。だがしかし、ここにもまた既に、より高い「道徳」の世界への弁証法的運動が胎まれている。――個体の行動の成果は「作品」である。個体が自分の個性に客観的表現を与えたものとしての（実践的芸術的等々の）作品が示されるとき、しかし、そこには既に生産者（行為者）と批判者との対立が生れる。批判者は即ち「法則を与える理性」である。蓋し、その作品（行動）を批判し評価するものは理性であり、この際、理性は自ら「標準」となって、法則を与えるのである。しかしながら、このような法則は、形式的であり、無媒介的であり、多数であって、相互に並存し、交流し、矛盾することさえも出来る。そこで、「法則を吟味する理性」はここに改めてそれらの法則を吟味し浄化して、理性の「真理性」に適合することを期しなければならない。だがしかし、一体、理性は、何を吟味し、何を標準として吟味するのであるか。そのいわゆる真理性は何処に索めらるべきであるか。それはもはや理性的自己意識の単なる確信の中に求められはしない。否、それは単なる理性的自己意識を超越する所の倫理的実体でなければならない。倫理的実体はもとより自己意識の「自体」であるが、同時にそれは現実的実在である。かくて、ここに、意識の確実性とその実在性の統一として、言わば、理性は遂に肉体を獲得する。客観的実在となる。いまや理性は「精神」にまで高められたのである。

精神

前《さ》きに、理性とは一切の実在性が自分のものであるという意識の確実性であった。しかし、この確実性の要求は、意識そのものに即しては、未だ実現されず、その確実性はなお真理性にまで到達してはいない。いままで経過して来た意識の諸形態がこの事を告白している。そして、理性の弁証法的展開を通して、意識が普遍的実体と同一になることに於いてのみ、はじめてこの要求が充たされることの経験が為されたのである。かくて、自ら一切の実在性であるという確実性が真理性にまで高められて、自分自身を世界として、世界を自分自身として、意識するときに、かかる理性は「精神」である。それは、やがて、絶対的の本体であり、しかも、同時に意識として現実でありかつ自ら自己を表象する所の本体である。(それ故に、ここに「精神」と呼ばれているものは、大体に於いて、『エンチクロペディー』の中で「客観的精神」と呼ばれるものと一致する。それは主観的精神に対する客観的精神である)。このような精神は、対象的意識や、自己意識や、理性を、その契機としてもっている。換言すれば、それらの意識形態の弁証法的経験を通して、意識は、その根抵に究極の主体として精神の存することを自覚するに到ったのである。逆に言えば、かかる主体としての精神を自覚の上に齎《もた》らす運動こそ、一般に意識の弁証法的運動の意義である。否、極言すれば、最低の意識形態に於いてもまた、その根柢にかかる究極的主体が存すればこそ、一般に弁証法的運動の発動が可能だったのである。

さて、このような客観的精神は、直接には、世界の倫理（人倫）的現実として、自己の実在性を示顕する。「真の精神」はまず民族の倫理的生活に現れる。「倫理的世界」に於いて、精神的実体としての個体は、私的には自然的倫理的共同体としての家庭に属し、公的には市民として国家に属している。前者に於いて支配するものは心情の「神的法則」であり、後者のそれは「人間的法則」である。それ故に、「倫理的行為」が人倫に基づこうとするとき、その人倫の法則は、一部分は神的であり、一部分は人間的である。それ故に、ここではまだ自由と必然とが素朴的に合致しているのみであって、時として両者の法則が相剋する場合には、そこには「罪と運命」との悲劇的闘争が生ずるであろう。このような分裂を止揚する地盤は「法制（法治状態）」であるが、法律的世界の主題となるものは、実体としての倫理的個体ではなくて、むしろ「法的人格（法人）」の概念である。法的人格とは、要するに、法律的世界に於いて平等的に関係づけられている抽象的原子に他ならない。かくては、倫理的世界の現実は余りにも貧しいものと言わなければならない。

○

そこで、精神は、その直接態たる倫理的世界から、むしろひとたび離れることによって、却って自己の存在を確保しようとする。即ち、「自分自身から離れた精神」は、直接的なる現実の世界に対して否定的態度を取ることによって、純粋意識の中に建設された世界を招致すべく企てる。このような精神の行動は、即ち「教化（教養）」であるが、それは、単なる意識や単なる理性を以ってしては到底把捉し得なかった深甚の根抵、「真の自己」を自覚に齎らすものである。（それ故に、精神の弁証法としてこそはじめて「教化」の深い意義が理解されるのであって、この意味に於いて、精神現象論は、それ自体、教育学の基礎づけであると言うことが出来る）。ここに「教化（文化）の王国」が成立するが、しかしながら、教化はもとより（より高いもののために）現実を否定する精神の行動であるが故に、それはまた「破砕し壊乱する意識」の領土である。そこには、あたかも、イタリヤ風、フランス風、喜劇的、悲劇的、あらゆる種類の三十の歌謡曲を一緒くたに混淆して、低音を以って地獄に落ちるかと思えば急に金切声を張り上げて虚空に飛び上ったり、気が狂ったかと思えば静かに落ちついたり、怒ったり笑ったりする音楽家、——あのディドローの書いたラモーの甥（Diderot : Le Neveu de Rameau）に於けるが如き錯乱がある。そのとき、「信仰」に於いて与えられる絶対的の力が、この混乱を切り抜けるように思われる。

けれども、信仰には「純粋の洞察」が欠けている。そこで、教化はこの洞察を与えんがために「啓蒙」として登壇する。（ヘーゲルは、ここで、種々の革命理論を眼中に置いている）。啓蒙は、教化の成果として、伝統や「迷信」を批判し、政治的領域に於いては、個人の自主と平等とを宣言する。その際、啓蒙に於いては、一切の事物がかかる自主的個人への関係に於いて考察される故に、啓蒙を支配する概念は、思惟と実在の統一を含むものとしての「有用性」の概念である。しかしながら、有用性は、究極的目的の概念によって導かれることが必要であり、従って、しょせん、目的と対象との対立に沈湎するが故に、これを止揚して、一層高く、啓蒙の把住するところは「絶対的自由」でなければならない。だが、個体の自由と平等と自主とを宣言する啓蒙の精神に於いて、各自が自己の主権を主張する場合に、そこに結果するものは、むしろ、相互の対抗と憎悪とにすぎない。かくて、主権の打倒と交替には際限がないであろう。このような不断の啓蒙的破壊の中に於いて、自由を待ち受けているものは断頭台である。絶対的自由の行き着く所には「恐怖」（政治）が待っている。

○

死の恐怖によって胸を貫かれた意識は、啓蒙の空虚を達観して、再び自己の現実に帰る。かくて、嘗《かつ》てひとたび自己から離れた精神が、教化の世界の崩壊を通して、再び自己に帰還し、自己の確実性に安住するとき、それは、「自己自身を確信している精神」である。ここに於いてこそ、精神は真に自律的であり得る。そして、この自律的な精神の自己確実性、端的にその自律性の確実性は、即ち「道徳性」である。ここに精神は「道徳的精神」としての新しい形態を以って登場する。（ヘーゲルは、ここに、直接に、カントの「道徳的世界観」を批評しているのである）。

道徳的世界観は、義務（当為）を以って、その全世界観の根柢としている点に於いて、まことに尊厳である。しかしながら、この義務に対して現実的存在（自然）が対立するときには、その二元性の故に、道徳的精神の自律性は破られる。この間の調和を果すべく、（既に前《さ》きに我々のみたように）、いわゆる「道徳的要請」が登場するのであるけれども、要請に於ける調和は遂に外面的調和たるに留まる。それ故に、義務と幸福との一致はしょせん要求されるのみであって、遂に現実性をもたない。またもし、この場合、義務のみが本質的であって、現実的存在はむしろ非本質的として消失すべきであると言うならば、そこには実に義務そのものの存立すべき地盤もない。何故ならば、義務は現実に対立してのみ義務である、と言わなければならないからである。否、それのみではない。当為（義務）の道徳は、それ自身矛盾を含んでいる。蓋《けだ》し、現実と当為との調和なくしては道徳は保持せられず、しかしながら、その調和に於いて却って道徳は廃棄されてしまう。何故ならば、当為は、この調和が欠けている時にのみ存立するからである。当為の完成が現実に充たされる時には、もはや道徳的意識は止揚されてしまう。かくて、当為の道徳は、「当為」の概念の故に、完成され得ないものである。

しかしながら、精神はむしろ「良心」に於いて上述の二元性を止揚する。良心は、自己に帰還して自己自身を確信している具体的道徳的精神である。ここでは、自己が義務のために存するのではなくて、却って義務が自己のために存するのである。ここでは、道徳的法則はもはや抽象的の秩序ではなくて、具体的なるものとなって、道徳的主体の自発性の中に含まれている。道徳的確実性は、ここでは、直接的の確信、即ち「傾向」となる。このような道徳は、著しく、（カントの）規範的道徳に対立するものであるが、ヘーゲルはここでキリストの道徳を考えているように思われる。人間は安息日のために作られたのではなく、安息日こそ人間のために作られたのである。道徳的主体にとっては、何ら外的なる法則は存しない。かれは絶対的自主たるの尊厳を確保している。そして、ただ「心の声」にのみ耳を傾ける。蓋《けだ》し、心の声がやがて神の声であると知る天賦の霊能は、良心に恵まれたる賜物であり、それは直ちに神性を直観するからである。良心こそは、道徳の最後の拠り所でなければならない。

しかしながら、かかる良心はしょせん個体的良心である。それ故に、個体としての道徳的主体がこのような確信に生きるということは、やがて、個体が、集団的社会的道徳生活から離れて、孤立の中に立て籠ることを意味している。すくなくとも、「良心の道徳」は、そのことを妨げる理由をもたない。いまや、個体の理想となるのは、（ヤコービやゲーテの説いたような）、「美しき魂」である。それは、「自己自身の道徳的確実性」に安住し、ここに籠居し、ここに我執する。それ故に、「美しき魂」は、ひとえに自己の純粋性を清浄に保たんがために、現実との接触を忌避する。現実と接触し、従って、何らかの行動に出ずることは、自己を汚蠧《オト》する所以だからである。それはただ評価し判断するだけの意識であって、行動する意識ではない。ただ内気な感傷性であって、行動の力、外化の力を欠いている。強いてその行動を云為すれば、せいぜい「憧憬」であるが、それは、空虚なるものへの空虚なる憧憬でしかない。かくて、「美しき魂」は、その現実逃避、その全き非行動性の故に、怠惰と虚栄の故に、「悪」を含む意識となる。

しかしながら、「美しき魂」は、また、罪をも包容して、これを「宥恕」する精神である。かかる精神は、宥恕と和解と贖罪とを通して、自己の非現実性を放棄して、再び本来の自己に帰還する。このとき、良心もまた、自己が個体の良心ではなくて普遍的良心であることを自覚して、自己の本質に帰還する。ここに、判断する意識と行動する意識との対立は止揚され、集団的道徳生活から孤立した個体的道徳生活の幻想は放棄されて、いまや、各個体の相互的承認と和解とを通して、道徳的調和は現実となる。道徳的精神はその自覚に到達した。かの規範的道徳が把捉し得なかった当為（道徳法則）と自然との融合も、ここに遂に達成されたと言うことが出来る。——かくて、ここに道徳は完成する。同時に、いまや、精神は、自ら精神たることを自覚した精神として、即ち「絶対的精神」である。そして、道徳性は、このより高い精神の形態へと移行する。絶対的精神が直接に自己を直観するのは、宗教に於いてである。かくて、道徳が完成されたとき、それが宗教になることとは、道徳の本質である。端的に、宗教は道徳の真理性であ

宗　教

「宗教」の内容をなすものは、もとより、絶対的精神である。或は、人間の意識に於ける絶対的存在の啓示である。そして、宗教の本質は、かかる精神の自己意識たることに存している。この意味に於いては、それは、すでに、絶対的真理性の確実性、換言すれば、真理性と確実性との絶対的統一であると言うことが出来る。しかしながら、絶対的精神そのものもまた、その直接態から自己自身への復帰を含む運動である。即ち、直接的対象性の契機と、自己固有の形態における契機と、二つの側面に於いて自己を展開する。絶対的精神が対象性における契機に於いて直観ないし表象されるとき、それが宗教であり、また、それが純粋思惟の形態に於いて概念として自覚されるとき、それが「絶対的知識」である。換言すれば、自己を知る所の精神が、宗教に於いては、直接的に、自己自身の純粋なる自己意識たるに留まっていて、未だ精神自身の形態（概念）に於いて自己を知る所の精神ではない。それ故に、宗教に於いては、未だ、精神の内容と形式との絶対的統一が実現されてはいないのである。とは言え、既に明らかであるように、宗教は全精神の現存する現実性である。ここでは、精神は一切の現実を充たしている。神は到る所に於いて直観されるのである。——(ヘーゲルがここに開陳している宗教論の内容は、かれの晩年の宗教論の構造に比して、かなり複雑な相違を示している。その変更ないし改訂がいかに為されたか、何故にそれが必要であったかは、ヘーゲル哲学に対する内在的批評として、重要な問題を含んでいるが、いまはこの事に論及すべき余裕をもたない)。

さて、このようにして、対象性の契機に於ける精神の諸形態に応じて、種々なる宗教の形態が成立する。まず、精神は、対象的意識の形式に於いて、自然的直接的対象の中に顕れる。即ち、「自然宗教」は、「光」や「植物」や「動物」の神性化を通して、遂に「工匠」の表象にまで高まる。世界は工匠の作品であり、工匠はここに自分自身を対象として生み出すけれども、しかし、かれは未だ自分の思想を把捉してはいない。かれの行為は、かれに於いてはなお「本能的労作」である。

工匠が芸術家に高まるとき、即ち、精神が単なる対象的意識の形式を脱して、自己意識の形式をもつに到るとき、「芸術宗教」が成立する。(この宗教形態は、後に到って、より適当に「精神的個体の宗教」と呼ばれているが)、その本質は、芸術に於いて、精神が倫理的実体として表象されることにある。その最低の段階は、「抽象的芸術作品」と呼ばれる。ここでは神性が偶像を通して表象される。神は、もはや太陽や水や火のような自然力ではなくて、民族意識にまで到達した道徳力の化身たる偶像であり、人間の形をした神像である。しかしながら、人々は単に大理石の神像を静観することによって神を表象するのみではない。進んで、犠牲の祭典に於いて、神と交わるに到るであろう。ケレスの秘儀やバッカスの祭典の中では、神と人とは合体する。それは生命ある行動に於いて神を体験することである。それ故に、これは「生ける芸術作品」の宗教である。しかしながら、人間を支配する超越的の意志や運命を指し示して、真に深い神性を告げ知らすものは、「精神的芸術作品」である。就中《なかんづく》、「史詩」と「悲劇」とに於いて、神の直観と体験とが語られる。だがしかし、「喜劇」に於いては、すでに、芸術宗教の崩壊が告知される。そこでは、人間の中に引き入れられた神の仮面が脱落する。それは構想による存在であって、現実ではないことが暴露する。人は神を疑い始める。自分のものでもないような意志などを恐れる必要はない。かくて、喜劇のもつ否定的傾向は、遂に人間の思惟を解放し、これに独立感を与えるに到るであろう。(言うまでもなく、ここでヘーゲルの考えている喜劇は、否、一般に芸術宗教は、ギリシャのそれである)。

このようにして、神は感性的対象の中にもなく、人間の作った芸術の中にもない。自然宗教と芸術宗教に於いて、工匠であり創作者であったものが、それ自身宗教の対象とならなければならない。いまや神的実在は本質的に自己を自覚して、直接的な自己意識の形態をもつ。精神は自己の絶対的本質を直観する。このことは即ち神の啓示に他ならない。この意味に於いて、神が人間になることが、「啓示宗教」の内容である。何故ならば、いまや精神は自己を絶対的精神として自覚しているからである。そして、これが宗教の最高なる形態である。（もとより、ここではキリスト教が考えられている）。

それにも拘らず、啓示宗教はなお不完全たるを免れない。前《さ》きに言ったように、宗教は直観であって、概念ではない。ここでは、絶対者が常に表象として把捉される。そして、表象は、しょせん、一般に、時間的並びに空間的の制約の下に立つ。もとより、宗教的真理は超時間的超空間的でなければならない。しかるに、人がこれを表象するや否や、それがいかなる形で（例えば象徴の形で、または神話の形で）表象されようとも、人はこれを時間と空間との中に散布しなければならない。例えば、ある時に悪が世界に侵入したのであり、また他のある時に救済が約束されたのである。このようにして、宗教の真理は、多くの断片的真理に別たれて、断片的なるがままに、直接に信仰に与えられている。しょせん、宗教の内容は対象性を免れていない。確実性と真理性との絶対的統一は、未だ如実に達成されてはいないのである。事ここに到った一切の素因は、絶対的精神が未だそれ自身の形態に於いて把捉されていないことに存する。絶対的精神は、いまや、一切の対象性を離脱して、それ自身の絶対的自覚に帰還しなければならない。換言すれば、絶対的精神が、自己自身を概念の形態に於いて知識する所の「絶対的知識」の段階に登らなければならない。

絶対的知識

いまにして、我々は、ヘーゲルが、前《さ》きに「序文」の中で、絶対者（ないし真理）は実体ではなくて主観である、と言ったことの意味を理解する。宗教の三つの段階について思い返してみるがいい。簡単に言うならば、自然宗教に於いては、自己が消失していて（神としての）実体のみが存した。芸術宗教に於いては、自己が実体であった。そして、両者の弁証法的綜合としての啓示宗教に於いては、実体が自己意識（主観）に発現する。神的なるものが人間になること、それが啓示宗教の真理であった。ヘーゲルは、この間の消息を、極めて簡結に、「芸術宗教を通して、精神は実体の形式から主観の形式に高まった」、と言っている。実体の宗教に於いては、絶対者（精神）は、何ら自己展開のない不動の実体として、言わば超越的の実体として、単なる盲目的信仰の中に存するだけであって、未だ自己自身を把捉していない。芸術宗教を通して啓示宗教への展開は、主観の形態を生み出して、これを自己意識として、換言すれば自己の行動として、表象する。啓示宗教に於いて、神が直接に自己意識の形態をもつと言うことは、絶対的精神が一個の自己意識として、即ち一個の現実的人間として生活するということである。かくてここに絶対的実体は現実的主観となる。嘗《かつ》ては絶対的精神が実体として表象された。いまはそれが主観（自己意識）として表象される。しかし精神の本質はしょせん自己意識たることに存するのであるから、端的に、実体は本質的には主観であり、それ以外の何物でもない。――この実体から主観への登揚。それは、ヘーゲルが全「発見旅行」を通して獲得した最も重要な結果の一つであり、かれ自身の言葉を以ってすれば、まことに「一切を左右する要点」である。

かくて、実体を以って原理とする宗教と、主観を以って原理とする宗教との相違は、顕著である。前者に於いては、絶対者は、しょせん、一切の属性を失った無規定性、純粋に空虚なる無限、完全なる無形態、単なる否定的統一に他ならない。それは、有限と無限との対立のみを知って、その綜合を知らない。これに反して、後者の原理とする所は、完全なる形態であり、存在の充実である。だがしかし、空虚でない無限、有限でない充実、言わば充実せる無限は、いかにして確保されるか。今や我々は、絶対者の思惟が即ち実在である所以を理解しなければならない。

すでに我々の理解し得たように、純粋なる主観は自己意識として自己活動であり、他者としての自己から自己に帰還する。自分自身を対象として知り、その対象の中に自分自身を認識する。それは、それ自身の対象である所のものであり、対象を自己意識にまで高める。しかも永遠に自己を対象とし、永遠に自己を認識する。この意味に於いて、主観は真に自己啓示的であり、現実的であり、具体的である。これに対しては、実体は単なる直接態であり、非現実的であり、抽象的である。蓋《けだ》し、実体は、他者の否定であり、一切の差別を単なる否定的統一に還元することであり、そこではすべての現実的個体は失われる。それ故に、実体は自立的存在ではなくて、むしろ、主観がそれである。さて、このような絶対的主観は、自己を対象とするとき、その対象に、自己の自立性を与え、自己の自己活動性を与えるのであるから、対象はまた主観と一つである。主観と対象とが一つでないならば、それは主観が自分自身を対象とするのではない。しかし、対象がまた主観と等しく自立的存在であるならば、その限り、主観の自己活動は創造的である。換言すれば、絶対者の自己活動（思惟）はそのまま実在である。――ヘーゲルのこの思想は、明らかに、キリスト教神学の地盤に生い立っている。神の自己思惟を以って世界創造の原理とするスコラ的神学が、新たに近代的代弁者を見出したと言うべきである。我々は、ヘーゲルの意識の経験の最高峯に於いて、それが遂に神学の烙印を荷うものであることを肯定せざるを得ない。思えば、チュービンゲンの神学校以来、ヘーゲルの教養は全くキリスト教神学の圏内に動いていたのである。神学を離れては、この哲学を完全に理解することは不可能であると同時に、この哲学に対する根本的批判の諸問題が、またこのことを中心として散布していると言うべきであろう。

遮莫《さもあらばあれ》、我々は、啓示宗教が必然的に絶対者の「知識」へと高まることを理解した。ここにすでに、我々は、永遠の存在を永遠の自己活動に於いて思惟する「絶対的知識」の段階に立っているのである。

○

宗教もまた既に真理を知っている。しかしながら、その知識はなお純粋なる自己意識の形態を具えていない。それはただ直観と表象の形式をもつのみであって、概念の形態をもたない。もとより宗教の内容は既に絶対的内容であるが、それは表象の形式に於いて、即ち対象性の形式に於いて、言わば外部から意識に啓示されている。しかし、絶対的自己意識として自己を知識する所の精神は、かかる内容もまた自己の行動と同一であることを知っている。ここに、一切の対象性からの解放がある。強いて言えば、精神の自己運動のみが、即ち自分自身のみが対象である。ここでは、実体は主観の行動として知識される。それ故に、宗教に於いては、真理は未だその確実性と全く同一ではない所の内容であったけれど、ここに到れば、内容が自己の形態を保有する。内容と形式とは完全に一致する。絶対的内容が絶対的形式をもつ。真理性は確実性と一致するのみでなく、また確実性の形態をもつ。いまや精神は自己の形態に於いて自己を知識する精神であり、自己の行動の知識としての概念に留まるものであり、端的に、概念的知識であり、「絶対的知識」である。絶対的内容を絶対的形式に於いて把捉する絶対的知識、従って、絶対的真理性の絶対的確実性。かくてここに、意識の経験の弁証法的運動は、行き着く所まで行き着いたのである。

顧りみて、この意識の経験の長い「旅行」は、紆余曲折を極めていたとは言え、また実に整然たる内面的連絡の「道程」を歩んで来たのである。いわゆる弁証法的運動に於いて、（対象的）意識は自分が自己意識であることを経験し、自己意識は自分が理性であることを経験し、理性は自分が精神であることを経験し、精神は自分が自分自身の概念的把捉であることの経験をもったのである。そして、精神現象論が追究した「知識の生成」は、このような展開の体系的全体に於いて究極的に充たされる。我々は、前《さ》きに我々が故意に不可解として掲げて置いた三つの断定について、ここに今更らに説明を反覆する必要はないであろう。まことに、（一）真理は全体である。しかも、否定と肯定、分裂と統一を以って織りなされたバッカスの祭典の狂乱の全体である。もとより、意識の諸形態はそれぞれ相対的全体である。より低きものは、より高きものに於いて、相対的誤謬として示される。しかも、それはより高きものの必然的条件である。そして、遂に精神が自己を真理の概念として把捉する時に、究極的の全体が完成する。それ故に、（二）真理は体系であり、しかも、真理を究極的に把捉し得るものは絶対的知識としての体系である。そして、絶対的知識に於いては、(三) 真理は、もはや実体としてではなくて、主観として表明されなければならないのである。――このようにして、真理と知識との本質が闡明《せんめい》された。そして、ここに、遂に、「学の体系」が建設せらるべき基礎が確立したのである。

ヘーゲルは、「序文」の中で、精神現象論の全体の目的を、次のように言表している。「真理が現存するための真の形態は、真理の学的体系を措いて他にあり得ない。そこで、哲学が単なる愛知たるの名称と性格とを棄て去ることを得て、現実的なる知識そのものとなるという目標に近づいて行くこと、要するに、哲学が真に学たるの形式を獲得するに至るべきことのために、労を提供することが私に課せられた仕事である」、と。そして、この目的はここに果されたのである。

○

既に明らかであるように、知識は、その本質上、断片的であることは出来ない。知識は、体系としてのみ、即ち、体系的知識としてのみ、現実的である。知識が体系的知識たるべきことの内的必然性は、知識の本質に属している。そして、知識が体系的知識であるとき、それは正当に「学」と呼ばれる。しからば、精神が概念に於いて自己を知識することの内容、むしろ自己を具現することの内容が、即ち、学の体系の内容であると言うべきである。

顧りみて意識の経験の一切の契機は、同時に、精神の構成的要素をなしている。それ故に、ヘーゲルは言う、「精神現象論は学の体系と同一の内容をもつ」、と。だがしかし、現象論は体系の第一部と呼ばれ、その「序説」であって、体系そのものではなかった筈である。

現象論が「意識の経験の学」であることが、この点の解明を与える。現象論は、意識に「現象する知識」の学として、意識と対象との関係に於いて、知識の成生を叙述したのである。現象する知識の歴史的連絡に於いて、精神の内容を叙述したのであって、未だ、概念を、概念の必然的連関に於いて論じたのではない。現象論の内容が常に意識の形態として示された所以であり、それが絶対的精神の「回顧」または「思い出」と呼ばれる所以である。しかしながら絶対的知識に於いて、知識は概念の形態をもつことによって、その意識性を止揚した。そこでは既に実体と主観との究極的同一が実現された筈である。概念は、もはや、意識と対象との関係に於いて、確実性の真理性を反省して行く意識の立場にあるものではない。概念そのものは、言わば、意識から解放された「活きた概念」である。ここでは、概念は、感覚や知覚から帰納された抽象的普遍態ではない。それ自身の中に一切の特殊を包有する具体的普遍者であり、絶対的概念である。いまや存立するのは、意識の世界ではなくて、概念の世界である。言い得べくんば、概念の自己展開であり、自己実現である。かかる概念の体系として、もはや意識に煩わされない概念の体系として、概念自身の必然性によって組織された概念の体系として、「学の体系」を建設することが、改めて着手せらるべき事業である。そして、この事業に於いて、はじめて、「絶対者」の何物であるかが、概念的に把捉せられるであろう。いわゆる弁証法なるものも、概念の弁証法として、新しい意味を獲得するであろう。いわゆる即自的定立とか、向自的反立とか、またその綜合とかも、意識の反省に於ける運動としてよりも、概念の本質に属する事柄として、新しい光明の中に見直されなければならない。この新しい事業は、即ち、論理学を先頭とする哲学（形而上学）の体系である。

それ故に、極言するならば、この新事業としての哲学体系は、現象論が主観的形式に於いて表明したものを、客観的絶対的形式に於いて表明すると言ってもいいであろう。かく言えば、或は直ちに、現象論と哲学体系との対立に連関して、心理主義と論理主義との対立が想起されるかも知れない。現象論は「生成する思惟」の学として心理的思惟法則の記述学であり、これに対して、哲学体系は「完成し安定せる知識」の体系として純粋思惟の論理学であると考えられるかも知れない。実際に、現象論は、意識の経験の学として、思惟発展の自然史たるの性格をもつのであって、この事は、その現象論という名称が既に明瞭に語っている。それ故に、現象論から哲学体系への推移は、心理作用の研究から理論的法則の研究への推移であり、また経験的検証から権利問題への推移であり、はたまた現象的記述的科学から本体的論理的科学への推移である、という見解が成立するであろう。そして、実際に、この見解を支持するヘーゲル学者も決して尠《すくな》くはないのであって、専門的にみれば、ここには甚だデリケートな問題が蔵されているのである。かつ、体系の見地から現象論をいかにみるべきかに就いては、ヘーゲル自身、後年に到って、若干の動揺を示しているとさえも言うことが出来るのであるが、しかし、すくなくとも、この現象論を書いた当時のヘーゲルの意図に於いては、現象論はあくまで体系の第一部であり、その序説である。そして、然《しか》るかぎり、現象論は、（当時のヘーゲルの心中で成育しつつあった）哲学体系と同一なる原理を含むものでなければならない。即ち、現象論は、単なる思惟経験の記述学ではなくて、観念論的な構成的の性格をもつのである。自然や、道徳や、歴史や、芸術や、宗教を、絶対的精神の実現として概念的に把捉し得る高所にまで達する為の経験の学は、歴史的個体の経験を通して、普遍者の経験を把捉しなければならない。いわゆる「経験の吟味」とはこのことに他ならない。簡単に言えば、経験の類型を論ずることによって普遍的個体の経験を論じなければならない。端的に、それは、一切の特殊を包有する具体的普遍態を論ずるものであり、即ち概念を論ずるものである。——（だがしかし、このような事情から、ある種の主題の混乱が生じていないと断言出来るであろうか。例えば、その宗教論に於いて、古代の宗教からキリスト教に到るまでのすべての宗教が内容的に語られているのであるが、そこでヘーゲルは果して何を語っているのであろうか）。――そして、かかるものとして、正当に、哲学体系の第一部たらんとするものである。従って、現象論が哲学体系への「序説」ないし「予備門」であるということも、それが哲学の外に立つ準備作業であるという意味ではない。「学への道」と呼ばれている現象論は、またそれ自身、哲学と同一の原理を含む所の学である。これらの事情に関しては、等しく経験の学として、等しく感性の研究から始めながら、遂に絶対者の把捉を放棄したカントの『純粋理性批判』と、この『精神現象論』とを比較するときに、思い当る節々があるであろう。

最後に、一言の補足を附け加えて置こう。上述のようにして、ヘーゲルは、この現象論を以って、思弁哲学の立場の原理的構成であり、哲学体系の第一部であると考えていたのであるが、この関係は、後に到って、改訂せらるべき運命をもっていたのである。概念自身の体系としての論理学が、それの第一部として現象論を要求する必要はない筈である。かくて、実際に、論理学は現象論から独立した自立的性格をもち得ることとなり、また、現象論そのものが却って体系の一部分に組み入れられることとなる。この事は、後年の『エンチクロペディー』に於いて実現されている。従って、厳密に言うならば、我々がここに読んで来た現象論と、『エンチクロペディー』の一部分としての現象論とは、本質的に同一視されてはならないのである。ヘーゲルの哲学というと、あたかも初期から晩年に到るまで殆んど固定的に完成的であったと考えて、初期の述作を晩年の思想で解釈したり、また逆の仕方を以って動きの取れない統一的形像を組み上げたりする努力が、往々にして散見されるのであるが、むしろ事実はこれに反して、ヘーゲルその人の哲学思想にも、また幾多の発展、否、変遷すらもあったということを理解すべきである。但し、このことは、初期の述作が後年の発展を胚胎しているということを妨げない。従って、ヘーゲルの最初の大著述たる『精神現象論』の繙読は、そのこと自身の価値を別にしても、ヘーゲル哲学全体の理解に対して、最も推挙すべき基礎的の作業であると言うことが出来るのである。

回顧

精神現象論は、精神の「回顧」であり、「思い出」であると言われる。我々もまた、ヘーゲルと件れ立って遍歴して来た「発見旅行」の全道程を回顧して、我々の思い出の料としよう。現象論を通じて為されたる意識の経験の諸形態と、その弁証法的運動の大様を、ひと目に眺望し得る便宜のためである。

A意　識。Bewusstsein.

Ⅰ感覚（的確実性）。Die sinnliche Gewissheit, oder das Dieses und das Meinen.

Ⅱ知覚。物と錯覚。Die Wahrnehmung, oder das Ding und die Täuschung.

Ⅲ悟性。力。現象と超感性的世界。Kraft und Verstand, Erscheinung und übersinn liche Welt.

B自己意識。Selbstbewusstsein.

Ⅳ自己意識の自己確実性。Die Wahrheit der Gewissheit seiner selbst.

A自己意識の独立と非独立。主人と奴隷。Selbständigkeit und Unselbständigkeit des

Selbstbewusstseins ; Herrschaft und Knechtschaft.

B自己意識の自由。ストア主義、懐疑主義、不幸なる意識。Freiheit des Selbstbewusstseins; Stoicismus, Skepticismus und das unglückliche Bewusstsein.

CA理　性。Vernunft.

V理性の確実性と真理性。Gewissheit und Wahrheit der Vernunft.

A観察する理性（理論理性）。Beobachtende Vernunft.——a自然の観察。法則。目的性。Beobachtung der Natur. Gesetze. Teleologie.——b自己意識そのものの観察。論理的法則と心理的法則。Beobachtung des Selbstbewusstseins in seiner Reinheit und in seiner Beziehung auf äussere Wirklichkeit; logische und psychologische Gesetze. ——c自己意識とその直接的実在との関係についての観察。人相学。骨相学。Beobachtung der Beziehung des Selbstbewusstseins auf seine unmittelbare Wirklich keit; Physiognomik und Schädellehre.

B理性的自己意識の自己自身を通しての実現（実践理性）。Die Verwirklichung des vernünftigen Selbstbewusstseins durch sich selbst. —— a 快楽と必然性。Die Lust und die Notwendigkeit. ——b心の法則。自負の狂心。Das Gesetz des Her zens und der Wahnsinn des

Eigend ünkels.——c徳と世間。世の中。Die Tugend und der Wel tlauf.. C個体。Die Individualität, welche sich an und für sich selbst reell ist. ——a精神的動物界 Das geistige Tierreich und der Betrug, oder die Sache selbst.——b法則を与える理性。Die gesetzgebende Vernunft. ——c法則を吟味する理性。Die gesetzprüf ende Vernunft.

CB精神。Der Geist.

VI（客観的）精神。Der Geist.

A真の精神。倫理。Der wahre Geist, die Sittlichkeit. ——a倫理的世界。人間的法則と神的法則。

Die sittliche Welt, das menschliche und göttliche Gesetz, der Mann und das Weib.——b倫理的行為。罪と運命。Die sittliche Handlung, das menschliche und göttliche Wissen, die Schuld und das Schicksal.——c法制。

法律的人格。Der Rechtszustand.

B自己を離れた精神。教化。Der sich entfremdete Geist : Die Bildung. ——a教化の世界。信仰と純粋の洞察。Die Welt des sich entfremdeten Geistes ; Die Bildung und ihr Reich der Wir klichkeit ; Der Glaube und die reine Einsicht. ——b啓蒙。迷信との闘い。Die Aufklärung ;Der Kam pf der Aufklärung mit dem Aberglauben; Die Wahrheit der

Aufklärung. ——c絶対的 自由と恐怖。Die absolute Freiheit und der Schrecken.

C 自己を確信する精神。道徳。Der seiner selbst gewisse Geist; die Moralität. ——a道徳的世界観。

Die moralische Weltanschauung, ——b当為の道徳の崩壊。道徳的自己意識。die Versteliung. ——c良心。美しき魂。悪と宥し。Das Gewissen, die schöne Seele, das Böse und seine Verzeihung.

CC宗　教。Die Religion.

Ⅶ宗教。Die Religion.

A自然宗教。Die natürliche Religion. ——a光体。Das Lichtwesen.——b植物と動物。Die Pfla nze und das Tier.——c工匠。Der Werkmeister.

B芸術宗教。Die Kunstreligion.——a抽象的芸術作品。Das abstracte Kunstwerk.——b活ける芸術作品。Das lebendige Kunstwerk.——c精神的芸術作品。Das geistige Kunstwerk.

C啓示宗教。Die offenbare Religion.

CD絶対的知識。。Das absolute Wissen

Ⅷ絶対的知識。学。Das absolute Wissen.

（附記したドイツ語は原著の目次である）。

○

『精神現象論』は不思議に魅力ある書物である。そこには、心理学や、認識論や、論理学や、殊に、歴史論や、芸術論や、道徳論や、宗教論や、およそ精神生活の分野に属する一切のものが、比類のない混合酒となって醗酵している。現象論の固有の主題は、人間精神の形成と発展とであるが、しかし、それは個体に於ける精神の形成であると同時に、歴史に於ける精神の発展である。ここでは、意識の経験は歴史的要素と溶け合っている。個体の生命は民族の生命の縮図であり、個体形成の生物学的法則は種族発展の系統学的法則である。永遠の中での『神統記』であり、精神の『オデッセー』である。もとよりそれは可能なる類型を問題とするのであるが、しかしまた豊富なる生命が無視されてはいない。そして、思いがけないような仕方で、世界の一切が結び付いている。その内容の豊饒と取り扱いの巧妙とに、読者は心からなる驚嘆を禁じ得ないであろう。

しかしながら、他面に於いて、我々読者を困惑せしめるものは、著者の思考と文体のもつ運命的な抽象性である。もとより、ヘーゲルは、何よりもまず豊沃なる生命の把捉を念とするものであって、常に具体的現実への関心をもっているのではあるが、しかし、かれの思考は、我々読者を導いて、目も耳も、歴史の知識をももつことを必要としないような世界に引き入れて、その中で、現実的世界の核心を掴ませようとする。その世界の物象は固有名詞をもたない。特定の対象を論ずるにも、固有名詞を用いてはならないのである。そのとき、この抽象性は、却って絶対者のもつ荘重なる威容とさえもなるであろう。かくて、現象論は、地獄から天界に到る全世界の記録を含むものとして、しかもそれが予言的で超人間的の重々しい表現を獲ている点で、まことに、かの『神曲』に比せられ得るであろうが、しかし、この書物の中で読者を引き廻す案内人の言葉は、ヴィルギリウスやベアトリーチェの語る言葉とは、全く文脈を異にした独特の抽象的言語に属している。そして、この書物に対するとき、読者は、何よりもまず、この言語を習得し、その抽象性を支配することを学ばなければならない。しかも、この書物を読解するための辞典と文典とを、この書物そのものより他に求めてはならないことを、著者は要求する。かくて、我々読者は、時として、この全般的な抽象性の前に、殆んど絶望的な太息を洩《もら》さざるを得ないであろう。

結局、この書物を読むことは、ひどく疲労させはするが、しかし退屈ではない。現象論に於けるヘーゲルは、比類稀れな巨匠である。最も晦渋な抽象も、この巨匠の手にかかっては、却って、不思議な魅力をもって活きて来る。そして、ひとたびこの魅力を味った読者は、全巻を貫いて充ち満ちた弁証法の活力によって、絶えず前へ前へと押し進められることを感じるであろう。これに加うるに、ここには、理知と情熱の共鳴がある。鋭利で美しくさえもあるスコラ主義と、浪漫的で独創的な詩との結合がある。――だがしかし、この書物の著者は、いまや、この大胆な事業を通して、最も細心な知性を育てて来た。そして、今後は、ヘーゲルの知性はいよいよ明度を加え、思惟はいよいよ純粋さを増して行くであろう。けれども、それと共に、他面には、かれの直観力と想像力と独創力とは、今後、むしろ減退して行くのではあるまいか。斯《か》くあることは、現象論のような書物を書き終えた哲学者にとっては、むしろ当然の運命であると言うべきであろう。そしてまた実際に、現象論そのものが、斯くなり行くべきことを予告しているのである。ヘーゲルの今後の労作は、その予告の如く、主として純粋思惟のために捧げられるであろう。しかし、それは、最早、ここに見たような豊饒な詩をば伴わないであろう。今後ヘーゲルは、いよいよ思弁哲学の体系的労作に専念して、専ら哲学の教授となるであろう。だがしかし、いまここでは、ヘーゲルはなお教授であると同時に詩人である。

（昭和十一年八月）

解　説

矢崎美盛『物語　ヘーゲル精神現象学——意識の経験の学』

寄川条路
（元明治学院大学教授）

本書は、矢崎美盛『ヘーゲル　精神現象論』（岩波書店、一九三六年）の復刻本である。「大思想文庫」全二六巻の中の第一二巻であり、翻訳書ではなく一般向けの入門書である。ちなみに、第一巻は久保勉『プラトン　国家篇』であり、第二六巻は立澤剛『ニイチエ　ツァラツストラ』である。

ヘーゲルの巻に当たる本書は、一九三六年八月に書き上げられ、同年一〇月に初版第一刷が発行された。一九七四年に第一〇刷が発行されており、多くの読者を得たことがわかる。その後、復刻版が一九八五年に発行されたが、入手困難になったため、また、読書家から復刊リクエストも出されていたため、今回、版元を改めて復刻されることになった。

本書はヘーゲル『精神現象学』（Phänomenologie des Geistes）への最良の入門書なので、研究者としてもたいへんうれしい。

矢崎は、本書を執筆するにあたって、金子武蔵訳のヘーゲル『精神現象学』（岩波書店、一九三二年）を使用しているが、ヘーゲルの著書を『精神現象学』ではなく『精神現象論』と訳している。本文中では「現象論」と書いたり「現象学」と書いたりしているので、「現象論」も「現象学」も同じものと考えてよい。復刻にあたっては、本書の内容をわかりやすく伝えるために、書名を『物語　ヘーゲル精神現象学――意識の経験の学』と改めている。

本文は、「一八〇六年の八月六日には、皇帝フランツ二世の退位をもって、オットー大帝以来八百余年のあいだ栄誉ある伝統を保ってきた『ドイツ民族の神聖ローマ帝国』は、その終焉を告げた」との歴史的な一文から始まり、「だがしかし、いまここでは、ヘーゲルはなお教授であると同時に詩人である」との芸術的な一文で終わっている。

本解説では、まずは、著者の矢崎美盛について、つぎに、ヘーゲルの『精神現象学』について、そして、矢崎のヘーゲル理解について、それぞれを簡単に説明して、本書を読者にお届けしたい。

一　矢崎美盛について

著者の矢崎美盛（やざき・よしもり）は、日本の哲学者・美学者であり、美術史家として知られている。以下に、矢崎の経歴を確認しておく。

矢崎は、一八九五年八月一三日に山梨県で生まれ、一九一六年に第一高等学校を卒業、一九一九年に東京帝国大学文学部哲学科を卒業、一九二二年に同大学大学院を修了した。同年、國學院大学教授となり、来日中の物理学者アインシュタインを根津美術館に案内し日本と東洋の美術を紹介している。一九二三年からドイツ、イギリス、フランス、イタリアなどヨーロッパ諸国に留学し、ドイツのフライブルク大学ではフッサールのもとで現象学を学んだ。帰国して、一九二五年に法政大学教授、一九二六年に東京帝国大学文学部講師になる。一九二七年に九州帝国大学法文学部哲学・哲学史講座助教授に転任して、一九三五年には美学・美術史講座教授に昇進する。このころに『ヘーゲル　精神現象論』は執筆されている。その後、一九四八年に東京大学文学部美学・美術史学科教授に復任し、哲学、美学、美術史の講義を担当した。また、京城帝国大学、東北大学、大正大学、法政大学、早稲田大学などでも授業を受け持っていた。一九五二年に病気のため東京大学を辞職、翌一九五三年四月七日に死去した。死因は胃がんであり、享年五八歳であった。発表された単著はつぎの八冊である。

『現代哲学思潮』改造社、一九二三年。
『西洋哲学史』文信社、一九二七年。
『認識論史――その一章、カント哲学序説』岩波書店、一九三三年。
『ヘーゲル　精神現象論』岩波書店、一九三六年。【本書】
『様式の美学』創元社、一九四四年。
『唯物論史』斎藤書店、一九四八年。
『芸術学――様式の美学』弘文堂、一九五一年。
『アヴェマリア――マリアの美術』岩波書店、一九五三年。

このほかに、洋画家の中村研一との共著『絵画の見かた――画家と美学者との対話』（岩波新書、一九五三年）がある。

矢崎の学問的関心は三つあり、山梨の教育者・八田正季『水底の翳』によると、第一に、カントからフィヒテとシェリングを経てヘーゲルへと発展するドイツ観念論の哲学であり、第二に、古今東西の文学と芸術、とくに日本と西洋の美術史であり、第三に、古典語を含む外国語の習熟であった。矢崎は、英語、ドイツ語、フランス語、スペイン語、イタリア語、ギリシア語、ラテン語、中国語・朝鮮語をマスターし、イギリスの東洋学者・マクドネル『印度文学史』の翻訳書（向陵社、一九一六年）を出すほどサンスクリット語も理解できた。

また、八田正季によると、矢崎は学生の面倒をよく見る教師として知られていて、東北大学で同僚となった河野与一は、学生たちに「カントやヘーゲルについてわからぬことは矢崎にたずねるとよい」と助言していた。東京大学での前任者・児島喜久雄は、後任の矢崎について尋ねられたとき、「学生をやさしく指導するので非常に慕われ……ある時学生達と酒を飲み、酩酊して福岡の川に落ちてしまった。学生にとっては親しみやすく、僕よりずっとよいと思うよ」と答え、「精神構造、また芸術の客観的構造の追求者である」と高く評価していた。

矢崎が酒とタバコをたしなみ、無類のコーヒー好きであったこともよく知られていて、一日に何杯飲むのかわからないほどであったという。矢崎は本書を書き上げたときにも、そこには精神生活のいっさいが混ざり合い「混合酒となって発酵している」と書き記している。

では、ヘーゲルの『精神現象学』を見ていこう。

二　ヘーゲルの『精神現象学』について

ヘーゲル（G. W. F. Hegel）は、ドイツを代表する哲学者で、一七七〇年、南ドイツのシュトゥットガルトで生まれ、テュービンゲンの神学校で哲学と神学を学んだのち、イエナ大学教授、ハイデルベルク大学教授、ベルリン大学教授となる。発表した書籍は、翻訳が一つ、著書が五つである。発行順に並べると、翻訳『カル親書』（一七九八年）、小著『フィヒテとシェリング』（一八〇一年）、主著『精神現象学』（一八〇七年）、大著『論理学』（一八一二―一六年）、教科書『エンチクロペディー』（一八一七年、一八二七年、一八三〇年）、教科書『法哲学綱要』（一八二一年）である。一八三一年にコレラで急死したあと、全一八巻の『ヘーゲル全集』（一八三二―四五年）が出版された。前半は著作集で、後半は歴史・芸術・宗教・哲学の講義録である。大学での講義を通して「学問の体系」を構築し、ドイツ観念論の頂点に立って西洋の哲学を完成した。

『精神現象学』は「学問の体系」の第一部として一八〇七年に出版されたものである。目次にある「学問の認識について」のところで、ヘーゲルは自分の学問的関心をつぎのように書き並べている。すなわち、真理の場は概念であり、概念の真の形態は学問の体系である。精神はいまどこにいるのか。原理はまだ完成ではない。形式主義に反対する。絶対的なものは主体であるが、主体とは何か。知識の場はどこなのか。知識へ高まることが精神現象学である。印象や知識を思想に変え、思想を概念に変える。どのくらい精神現象学は否定的なのか、つまり誤りを含むのか。歴史の真実と数学の真理、哲学の真理とその方法の特徴。図式的な形式主義に反対する。哲学研究に必要なことは何か。否定的な態度で考える論証と、肯定的な態度で考える論証とその主体。常識とひらめきとしての自然な哲学。著者と読書の関係。以上が、ヘーゲル『精神現象学』で扱われるテーマである。

目次を拾っておくと、つぎのようになっている。まず、「まえがき」と「序論」があり、つづいて、第一編「意識」は、第一章「感覚の確かさ――これと思い」、第二章「知覚――ものと錯覚」、第三章「力と知性――現象と超感覚世界」とある。第二編「自己意識」は、第四章「自分自身だという確信の真理」に当たり、この中に、第一節「自己意識の自立と依存――主人と従者」、第二節「自己意識の自由――ストア主義、懐疑主義、不幸な意識」がある。第三編の（一）は「理性」であり、これが第五章「理性の確信と真理」に当たり、この中に、第一節「観察する理性」、第二節「理性的な自己意識の自分自身による実現」、第三節「それ自体で現にあり、そのことを自覚している個人」がある。第三編の(二)は「精神」であり、これが第六章「精神」に当たり、この中に、第一節「真実の精神、倫理」、第二節「自分から離れた精神、教養」、第三節「自己を確信している精神、道徳」がある。第三編の(三)は「宗教」であり、これが第七章「宗教」に当たり、この中に、第一節「自然宗教」、第二節「芸術宗教」、第三節「啓示宗教」がある。第三編の(四)は「絶対的な知識」であり、これが第八章「絶対的な知識」に当たる。以上のように、目次は相当に入り組んでいて混乱しているが、以下に見るように、これを矢崎はかなり大胆に、しかもすっきりと整理して解説していく。

作品の全体を貫くテーマははっきりしていて、すなわち、「真理を実体としてのみならず、主体としてもとらえ、表現すること」である。これは、「実体が本質的には主体であること」を証すことでもある。『精神現象学』の叙述は、まずは、精神の歴史を回顧することから始まり、そこから哲学の課題へと進んでいく。そして、哲学の真理とは何かが語られ、体系化された知識としての「学問の体系」が構想される。

では、本書を通して矢崎のヘーゲル理解を見ていこう。

三　矢崎美盛のヘーゲル理解について

本書は、ヘーゲルの『精神現象学』が成立するまでの歴史的経緯の説明から始まり、ドイツのヘーゲル学者を紹介しながら、日本の読者をやさしく『精神現象学』へと誘っていく。一つの芸術作品として『精神現象学』をそれ自身のことばで理解するのが矢崎の読書法であり、後年の完成した体系から翻って解釈するのではなく、素直な気持ちで作品を読み始める。

矢崎は、初心者の理解を助けるために、ヘーゲル哲学について予備知識を与えてくれる。それによると、ヘーゲル哲学には二つの特徴があって、一つは「経験の哲学」であり、もう一つは「意識の無限性」である。すなわち、ヘーゲル哲学は経験を否定するのではなく、有限な意識から無限な意識へと経験を積んでいくのである。

矢崎はここから本論に入っていく。内容は目次に沿ってつぎのようになっている。

「序文」は、意識の経験がたどり着いた到着点であり、矢崎はこれを三つにまとめている。(一) 真理は全体である。(二) 真理の形態は体系である。(三) 真理は実体としてではなくて主観として理解されかつ表現される。いずれもヘーゲル特有の思想であるが、矢崎はヘーゲルの結論に盲従しない。

「緒論」は、意識の経験が始まるまえの旅支度である。芸術史家である矢崎は、意識の「発見の旅行」を「精神の演劇」になぞらえ、最下位の意識である感覚から最上位にある絶対的知識までを、一個の「喜劇」として再構成する。

「感覚」では、精神の中の俳優と観客が、演じる意識と見る意識となって交替する。「知覚」では、知覚の演出の結果、意識の対象が自己の中へ復帰することを経験する。「悟性」では、統一された力と多様な発現として、同一のものが自己を区別し自己に復帰して自己を意識する。「自己意識」において、意識の直接的な姿は生命をもち、人間の現象学となる。生に執着する人間は奴隷となり、主人は物を介して奴隷を支配する。しかし主人は奴隷の労働を必要とするから奴隷に依存し、奴隷は主人の必要とする物を生産するから主人を支配する。これが主人と奴隷の弁証法である。

後半の「理性」は、(一)本来の理性、(二)精神、(三)宗教、(四)絶対的知識の四段階に分けて考察される。矢崎はヘーゲルの思考の経路だけをできるだけ簡単に見通す。

本来の「理性」は、客観的に表現されて芸術作品となり実在となる。これが「精神」であり、ヘーゲルの哲学体系の中では、主観的精神に対する客観的精神となる。精神は民族の倫理となって現れ、私たちは家族の一員でありながら市民として国家にも属する。精神が直観ないし表象されるとき、それは「宗教」となる。しかし「絶対的知識」では、精神は純粋な思想の中で自覚され、意識から解放されてヘーゲル特有の概念となる。

最後に、矢崎は、序文に掲げられたヘーゲルの思想を再確認し、発見旅行の全道程を回顧する。現象学の主題は人間精神の形成と発展であり、ヘーゲルの『精神現象学』は永遠の中での『神統記』、精神の『オデッセー』となる。それは、地獄から天界にいたる全世界の記録を含む『神曲』でもあるという。意識の経験を一つの芸術作品として読み解く、芸術史家らしい矢崎のヘーゲル理解である。

参考文献

谷口鉄雄編『回想　矢崎美盛先生』私家版、一九八五年。

八田正季『水底の翳』私家版、二〇〇一年（地域資料デジタル化研究会、二〇〇三年）。

寄川条路『ヘーゲル――人と思想』晃洋書房、二〇一八年。

寄川条路『ヘーゲル『精神現象学』を読む』世界思想社、二〇〇四年。

〈著者紹介〉

矢崎美盛（やざき・よしもり）

1895 年、山梨県出身。
1916 年、第一高等学校卒。
1919 年、東京帝国大学文学部哲学科卒。
1922 年、東京帝国大学大学院修了。同年、國學院大学教授。
1923 年からドイツ、イギリス、フランス、イタリアなどヨーロッパ諸国に留学し、ドイツのフライブルク大学ではフッサールのもとで現象学を学んだ。帰国して、1925 年に法政大学教授、1926 年に東京帝国大学文学部講師になる。
1927 年、九州帝国大学法文学部哲学・哲学史講座助教授に転任、1935 年には美学・美術史講座教授に昇進。このころに『ヘーゲル　精神現象論』は執筆されている。
1948 年、東京大学文学部美学・美術史学科教授に復任し、哲学、美学、美術史の講義を担当した。また、京城帝国大学、東北大学、大正大学、法政大学、早稲田大学などでも授業を受け持っていた。
1952 年、病気のため東京大学を辞職、翌 1953 年死去。死因は胃癌、享年五八歳。

著書
『現代哲学思潮』改造社、1923 年。
『西洋哲学史』文信社、1927 年。
『認識論史――その一章、カント哲学序説』岩波書店、1933 年。
『ヘーゲル　精神現象論』岩波書店、1936 年。【本書】
『様式の美学』創元社、1944 年。
『唯物論史』斎藤書店、1948 年。
『芸術学――様式の美学』弘文堂、1951 年。
『アヴェマリア――マリアの美術』岩波書店、1953 年。

＊明月堂書店の本＊

既刊

憲法第九条―大東亜戦争の遺産

元特攻隊員が託した戦後日本への願い

上山春平　著

四六判／上製／定価（本体2400円＋税）

最もよく戦った者が最も強く平和を願う

著者は青春のすべてを大東亜戦争に投じた。回天特攻隊の一兵士として二度出撃し二度生還した。そして、彼は問わずにはおれなかった。

あの戦争から未来へと歴史をつなぐとしたら、その道はどこをどう通ればよいのか、と。

自らが発した問いの答えを求めて問いつづける情熱、その祈りにも似た思索の姿、それが本書だ。

＊明月堂書店の本＊

既刊

戦争と性

マグヌス・ヒルシュフェルト 著　高山洋吉 訳

宮台真司 解説

四六判／上製／定価（本体2300円＋税）

『慰安婦問題』に一石を投ずる注目の書！

軍隊から性病と暴力的攻撃性を取り除くために管理売春を通じて兵站としての性を提供することが必要だ――という考え方はヨーロッパ標準である。

本著を通じて僕たちが学べるのは、まずヨーロッパ標準の売買春についてです。戦時、非戦時にかかわらず売買春管理政策がどのような理念に基づくものかがよくわかります。

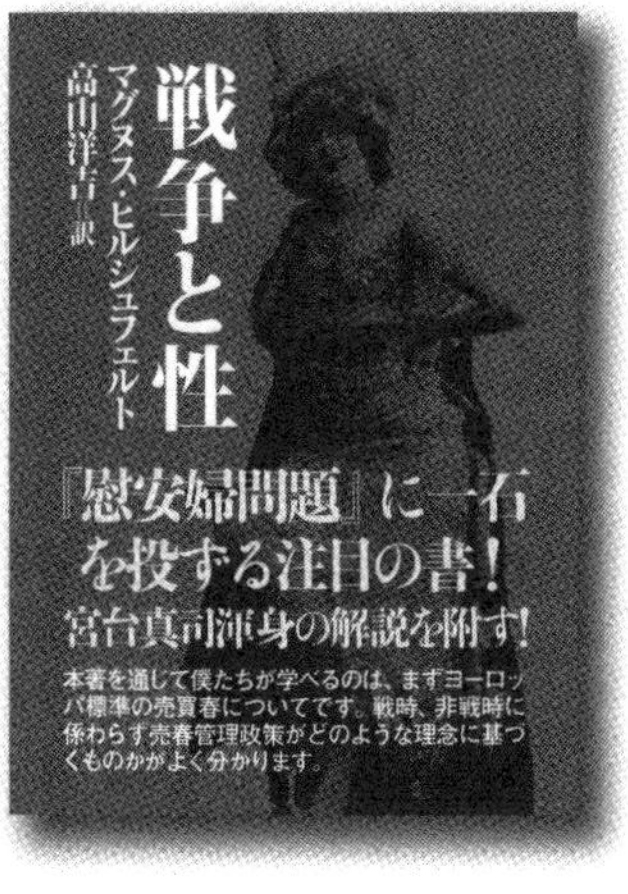

物語　ヘーゲル精神現象学——意識の経験の学

2022年3月2日　初版第一刷発行

著　者　矢崎美盛
解　説　寄川条路
編　集　大谷浩幸
カバー　東海林ユキエ

発行・発売　㈱明月堂書店
〒162-0054　東京都新宿区河田町3-15 河田町ビル3階
電話 03-5368-2327
FAX03-5919-2442
発行人　西巻幸作
印刷製本　中央精版印刷株式会社

ISBN978-4-903145-74-7　C0010 Printed Japan
©syouji yukie.2022
定価はカバーに表記されてあります。乱丁・落丁はお取り換え致します。